L'ÉNIGME STEFAN ZWEIG

Francis Huster

L'Énigme Stefan Zweig

Préface d'Éric-Emmanuel Schmitt

LE PASSEUR
— ÉDITEUR —

www.lepasseur-editeur.com

ISBN : 978-2-36890-332-2

Pour Arturo Toscanini,
Independence Ave
254th Street Riverdale – NY.*

Préface

Voici le livre le plus original que je connaisse sur Stefan Zweig. Brillant, étrange, décapant, puissant, il échappe aux autoroutes de la pensée.

D'ordinaire, un biographe tente de justifier l'homme auquel il a consacré plusieurs années de recherches et, s'il ne s'en fait pas forcément l'hagiographe, il le défend en collectant les arguments en sa faveur. Au contraire, un essayiste critique met en place une fusillade bien organisée : aucune balle ne passe à côté de la cible, on retrouve le corps au sol. Bref, le monde des lettres propose habituellement de passer sans nuances de la panthéonisation à l'exécution, d'ériger des statues ou d'enfouir des cadavres. Saint ou salaud, telle est l'alternative !

Francis Huster se livre, lui, à un exercice plus subtil : il prend Zweig comme un personnage qu'il aurait à interpréter, puis, fidèle au paradoxe du comédien, se tient à l'intérieur et à l'extérieur de lui. Il le situe au milieu d'un contexte, il l'incarne tout en l'étudiant, il le comprend sans l'absoudre, il le fait vivre mais l'interroge. S'il lui donne sa chair et son cœur, il le tient à distance de sa conscience. Du coup, rien ne lui échappe.

Racontons l'origine de ce livre. À Francis Huster, je proposai naguère d'interpréter sur scène *Le Joueur d'échecs*. Pour adapter ce texte génial, j'avais adopté un angle : transformer le narrateur de la nouvelle en Stefan Zweig lui-même, embarqué avec son épouse sur un paquebot, fuyant le nazisme jusqu'en Amérique du Sud. Puisque *Le Joueur d'échecs* constitue son testament littéraire – Stefan Zweig se suicida deux jours après l'avoir posté à ses éditeurs –, j'avais nourri l'histoire d'à-côtés narrant le malaise du romancier, sa dépression, son désespoir impuissant, la maladie de Lotte… À l'issue du récit, Zweig laissait entendre que la schizoïdie de Monsieur B. – devenu fou à force de jouer en même temps les blancs et les noirs sur un échiquier mental – offre une métaphore de sa douloureuse tension psychique : Zweig pense son humanisme dans la langue allemande, laquelle est devenue la langue de son opposé, le racisme. Écartèlement tragique : le pays le plus cultivé d'Europe se montre le chantre de la force brute et barbare. Écrasé par son échec d'intellectuel, Stefan Zweig se suicidait à la fin du spectacle en avalant un flocon de Véronal.

Francis Huster trouva là l'un des grands rôles de sa vie et, quasi incendié par les émotions qu'il portait, triompha des centaines de soirs. Mais sa rencontre avec Stefan Zweig ne s'arrêta pas là. Il se mit à lire et à relire cet auteur aimé, ainsi que ceux qui avaient eu un rapport avec lui. Dans sa minuscule loge du théâtre Rive gauche, je le voyais chaque jour entasser des pages, couvertes sans aucune marge de sa haute écriture. Une sorte de fièvre – très zweiguienne – l'agitait.

En réalité, le combat qu'il représentait sur la scène, Francis Huster l'avait importé dans sa vie : il jouait aux échecs avec Zweig. Un jour les blancs, un jour les noirs. Un jour laudateur, un jour persifleur. De l'aube à l'aube – car il ne dort presque pas –, Huster sollicitait Zweig, il décelait ses erreurs, ses réussites, ses lâchetés, il s'enthousiasmait pour certaines paroles, en suspectait d'autres, puis se désolait de ses nombreux silences.

Huster ne doute pas un instant que Zweig fût un grand écrivain, il doute qu'il fût un grand homme. Dans le géant des lettres, il traque un opportuniste ambitieux, frileux, et souvent trop prudent.

Francis Huster n'abat pas la statue, il lui rend sa chair, ses frissons, ses failles. En réalité, il fait de Zweig un personnage zweiguien ! Car Zweig ne présente dans ses œuvres que des vaincus, il ne donne voix qu'aux faibles, aux fragiles, aux névrosés. Ses personnages ne dominent pas, agissent peu et n'affirment aucune dimension héroïque, ils révèlent juste une intimité vacillante et contradictoire. Proches de nous parce qu'ils ne sont pas parfaits.

Zweig était donc un personnage de Zweig, pas un héros.

Zweig était un personnage de Zweig, une âme divisée.

Zweig n'a jamais traqué l'élévation ni la bravoure dans ses personnages, pas davantage dans sa vie.

À la différence de Victor Hugo, il n'était pas « une force qui va » mais une faiblesse qui piétine… Au meilleur de son écriture, il nous livre des tourments circulaires, des obsessions, des hésitations, des ressassements, d'infinies répétitions qui expriment une sensibilité malade, exacerbée.

Certains êtres reçoivent injustement beaucoup de dons. Francis Huster a reçu ceux de jouer et d'écrire. Il ajoute, par ce livre, le don mimétique. Après avoir incarné Zweig sur les planches, il interprète dans ces pages le rôle d'un écrivain zweiguien qui se pencherait sur l'énigme Stefan Zweig.

Bravo les artistes !

Éric-Emmanuel SCHMITT

Ouverture

Se pencher sur la vie de Zweig, c'est immédiatement être en déséquilibre.

Le gouffre est énorme entre ce qu'on a dit de lui et le vrai visage de Stefan Zweig.

Zweig est un admirable exemple qui doit servir aux générations futures. L'intérêt que l'on peut porter à sa vie est majeur ; dresser de Zweig un portrait flatteur, romantique, falsificateur, en faisant du génial écrivain un être désuet, fragile et déprimé, c'est mentir.

Et trahir Zweig. La vérité sur Zweig est saisissante.

L'âme de Zweig, comme toute autre, a été sculptée malgré lui. Il a l'écorce durcie par la vie, mais aussi craquelée par ses fautes. Des événements majeurs ont marqué Zweig, des horreurs de la guerre jusqu'aux terreurs du bolchevisme, du nazisme, du fascisme. Alors que le monde réel lui offrait la résistible ascension du mal, il n'a pas su la repousser : elle l'a tué.

Adolf Hitler allait piétiner le monde systématiquement. Rigoureusement réaliste, Zweig, dès 1930, ne pouvait pas ne pas avoir compris que la situation était désespérée. Alors pourquoi n'a-t-il pas réagi davantage ? Pourquoi n'a-t-il pas éprouvé le besoin de regarder le nazisme en face et de le défier dès le départ ?

Une angoisse paralysante fit frissonner Zweig jusqu'au geste fatal d'en finir en 1942. La nuit, il lui était impossible de supporter cette frayeur lugubre qui ne cessait jamais, même dans son sommeil agité. Moisissaient en son âme, comme les chiures de sa pensée méditative, de tels sentiments de culpabilité qu'il en devint désespéré de n'avoir rien fait contre l'ascension de Hitler. Zweig se tua.

Zweig est un écrivain de génie définissant à jamais dans son œuvre les sentiments amoureux des êtres simples, bouleversants, derniers spécimens d'un monde englouti à jamais par un siècle de guerres. Les statues de Balzac, de Maupassant, de Baudelaire, de Montaigne, de Pascal, de Chateaubriand, de Musset, de La Fontaine, de tant d'autres se feront une joie de recevoir à leurs côtés celle de Zweig, dont les œuvres ne cesseront d'être revisitées pour les temps et les temps.

Mais aucune ne saurait atteindre la taille d'un Hugo, d'un Shakespeare, d'un Tolstoï, d'un Molière. Et certainement pas Zweig ! N'est pas Churchill qui veut. Si Zweig est exemplaire, c'est justement parce qu'il avait tout pour être à la littérature, en

Autriche, ce que Mozart fut à la musique. Mais, pour avoir manqué au destin qui leur avait été tracé, ni Zweig ni Mahler n'ont accédé à cette stature qui les aurait grandis, et continuerait à le faire aujourd'hui. Zweig et Mahler, comme Strauss et Strauss (Johann et Richard), comme Schnitzler et Mann, sont des géants. Mais comment n'ont-ils pas osé atteindre et endosser cette renommée que Camus et Toscanini, par exemple, à la même époque, ont mille fois méritée ? Pour Zweig c'est d'autant plus pathétique que son œuvre elle-même est d'une singulière humanité. Alors comment n'a-t-il pas pris exemple sur le fond même de son âme lumineuse ?

Oui, Zweig est passé à côté d'un destin historique planétaire. Oui, Zweig a préféré se boucher les narines pour ne pas risquer de respirer les odeurs du charnier juif. Oui, Zweig est resté en dehors du coup. Peu importe sa souffrance à peser lui-même un égoïsme qui dépasse l'entendement. Zweig n'a pensé qu'à lui, et a mal pensé ; cette mort tronquée, ce suicide ne l'honore pas, il l'accable.

Sous l'effet du vertige de sa célébrité, enivré par son immense talent, Zweig a cru par son suicide écrire la plus belle page de sa vie. Elle n'est qu'une erreur. Il suffit d'opposer à Zweig suicidé en costume cravate sur son lit le regard déchirant des déportés. Il suffit de les imaginer pour avoir honte comme jamais.

Quand on pense à Zweig, la première impression pénible qui concerne sa vie tragique, et qui a du

mal à s'estomper, c'est cette mystérieuse question :
pourquoi n'a-t-il rien fait ? Ne serait-ce qu'esquisser
ouvertement à Vienne un combat contre Hitler, ou
colporter à travers le monde la monstrueuse crimi-
nalité des nazis ? Il avait les moyens de le faire.

Non, Zweig ne semble pas avoir pris les mesures
qui convenaient. Bien qu'il fût, par ailleurs, totalement conscient de sa mission d'écrivain : combattre
l'injustice et dénoncer l'horreur. Il s'agissait de
se conduire en homme, non en lâche ; d'être un
homme, et non de le paraître. Zweig a laissé ses
personnages de romans, biographiques ou non, être
des héros. Pas lui.

Il ne s'agit pas d'attaquer Zweig, mais de s'attaquer à lui comme à l'ascension d'une montagne
prodigieuse dont le sommet le place à égalité avec
les plus grands écrivains du xxe siècle. Révéler l'autre
face de la montagne, cette descente aux enfers qu'il
a vécue, est un devoir, doublé de l'ambition de le
rendre nu et vrai. Tel qu'il était dans sa lumière
comme dans ses zones d'ombre. Zweig qui, avec
génie, révéla dans ses biographies Balzac, Fouché,
Érasme, Marie-Antoinette, Marie Stuart – pour n'en
citer que cinq – n'aurait-il pas dû lui-même s'attaquer à sa propre biographie ? En se donnant chair
humaine, il se serait grandi.

1

Le cavalier de Vienne

L A famille Zweig, d'origine moravienne du côté du père, juive allemande de celui de la mère, s'était installée en Bohême, où leur tisseranderie allait prospérer dès 1875. S'autorisant tous les rêves d'intégration, les Zweig rêvaient de devenir de véritables et respectables Autrichiens pour échapper aux humiliations que subissaient leurs coreligionnaires.

Fort de sa réussite, le clan Zweig s'installe à Vienne la sublime, pour que les enfants eux-mêmes soient légitimement intégrés. Ida et son mari Moritz vont jusqu'à ignorer les traditions juives qui, à leurs yeux, seraient un fardeau pour leurs fils chéris : Alfred, l'aîné, et Stefan, le cadet, né en 1881. Fille d'un banquier aisé, Brettauer, la maman se retrouve en Stefan, alors qu'Alfred lui rappelle davantage son propre père, rude et tenace. Les deux adolescents n'apprennent pas l'hébreu ; pas de bar-mitsva, pas non plus de synagogue, et c'est en chuchotant que l'on prononce à table le mot « juif ». Zweig déclarera même un jour à Toscanini, en 1934

au Festival de Salzbourg, que ses parents étaient
nés juifs par hasard, comme ils auraient pu naître
chrétiens ou musulmans. Comme si rien dans cette
religion si attirante, si séduisante, si réfléchie, ne
pouvait attirer un jeune esprit qui ne demandait
qu'à se construire. Voici, avant toute chose, la clé
du mystère Zweig : non pas oublier qu'il est juif,
mais le faire oublier aux autres.

Il y a chez Zweig le désir à la fois pitoyable et grandiose d'échapper à ses racines, de couper le cordon.
D'être ressuscité en « pur » Autrichien, lavé de toute
judéité. L'erreur tragique de Zweig, c'est de ne pas
avoir saisi qu'en s'acceptant comme juif on accepte
alors les autres. Les musulmans, les chrétiens, et tous
les autres. Quelle que soit leur religion. S'accepter
soi, être fier de ce que l'on est, c'est accepter et être
fier des autres. Alors que se nier, c'est nier les autres.

Adolescent, Zweig crut bien être à l'image de son
univers d'enfance : un bon Autrichien, un exemple
viennois de cette poche bourgeoise juive qui se
croyait à l'abri de tout, à Vienne comme à Paris.
Ainsi des Porto-Riche, Feydeau, Courteline, Proust,
Bernard, Bernstein, de Saint-Lazare à Pereire, de
Passy à Courcelles. Mais le bourgeois quartier juif
de Monceau n'était pas plus protégé que celui du
Prater. Et la finesse du visage de Stefan Zweig, qu'il
pensait rendre plus viril en le barrant d'une mous-
tache régulière, ne parvint à duper que lui-même.

Élève dans le plus huppé des établissements
viennois, le Maximilian Gymnasium, il souffre

pourtant d'isolement et d'incompréhension. Il y étudie de 10 à 19 ans, pétrifié par une discipline de fer, subissant l'ostracisme et la rigueur sélective sous des allures mensongères de courtoisie et de modernité apparente. Il y brille pourtant en histoire et en physique. Et, ce qui est encore plus significatif à ses yeux, en allemand. Mais pour ses congénères il reste un Juif éduqué, et ne sera jamais un Autrichien pure souche. Il s'obstine cependant, tâche de donner l'image souriante d'un jeune étudiant viennois s'inscrivant fièrement en cursus philosophique, crânant de participer au sulfureux mouvement avant-gardiste de la Jeune Vienne. La famille Zweig jouant elle aussi ce jeu de dupes, Zweig ne leur révèle jamais les brimades dont il souffre au quotidien.

Arrive la crise de l'adolescence : Zweig veut vivre, il veut dévorer les couleurs. Sa famille, les problèmes juifs, les études ternes et grises, tout l'exaspère. Zweig va alors aller à contre-courant ! Il rêve d'une autre vie. Il traverse le miroir – celui des conventions. Il défie son père, refuse de poursuivre la voie familiale et paternelle toute tracée. Foin des tissus de Bohême ! Il se veut poète maudit, ivre de ces jouissances de schnaps, de putains lascives, de tavernes lugubres ou de cafés enfumés qu'il ne cesse de fréquenter. Et il ose avouer à son père la réalité. Oui, Stefan est un débauché. Il boit, il baise, il veut jouir. Et jouer aussi, à qui perd gagne. Il veut surtout apprendre, le mal comme le bien.

C'est dans ces années-là, à l'aube du xxe siècle, qu'il comprend entièrement, qu'il creuse et découvre. Qu'il pénètre et rit d'aise. Qu'il se retire aussi, et fuit déjà. L'ascendance juive, il ne la cache pas, il l'ignore. Il n'en a pas honte, il n'en tient pas compte. Il est Autrichien avant tout et une fois pour toutes. À sa mère il affirme qu'il sait déjà tout. Parce qu'il refuse d'en savoir trop. Sur ce qui se passe vraiment sur la face cachée de l'Empire austro-hongrois. Et puis plus loin encore. De Chine en Russie. Du Japon en Turquie. Sous l'apparence d'un Orphée séduisant à la poursuite de ses racines pour mieux les ignorer. Pour plus facilement s'en défaire sans les mépriser. Zweig se croit très heureux.

Zweig est persuadé qu'il n'aurait pu rêver mieux que de grandir à Vienne, dont il n'aperçoit pour l'instant que le sublime miroir où se reflètent généreusement toutes les races, toutes les religions, toutes les nationalités. Sorte de New York, cosmopolite et fascinante. Mais aussi, ce que Zweig fait semblant de ne pas avoir compris, Vienne est aveugle et ignorante. Comme si Vienne ne se doutait pas que la pourriture fait déjà son nid en son sein. Et que le ver nazi est dans le fruit, attendant patiemment son heure.

Que Zweig se soit rebellé une fois adulte, accusant férocement l'enseignement rigide qu'il a suivi d'être responsable de tous ses maux, n'est pas à son honneur. Qu'il prétende avoir tout effacé de sa mémoire, jusqu'aux patronymes mêmes de ses amis de banc les plus proches, prouve simplement qu'*a posteriori*, c'est le système lui-même dans sa totalité qu'il rejetait foncièrement. Tout lui est hostile : son manque d'humanité et de compréhension, la stricte discipline, le mutisme imposé, l'ordre établi sans discussion possible, la prétendue infaillibilité du règlement, les programmes obsolètes à son goût. Toute dérive de pensée se trouve sévèrement réprimée, toute révolte, châtiée dans l'œuf. Il a su se forger avec lucidité, de ces brimades, de ces tyrannies démesurées, un caractère d'acier. N'était-ce pas le but recherché ? Un mal pour un bien. La meilleure des leçons de vie lui avait été ainsi inculquée !

Il prend conscience que pour tout changer, il faut assumer un jour ses responsabilités d'homme. C'est bien le respect de la hiérarchie que Zweig n'acceptera jamais, pour lui préférer à coup sûr les jugements instinctifs d'un Sherlock Holmes viennois, qui se jure de ne juger que sur pièces, sans accepter l'influence de qui que ce soit. Il aurait dû se féliciter au contraire d'une éducation pénible, certes, mais qui avait fait de lui un homme à la pensée libre.

Plus délicat encore, et plus âpre serait le jugement qu'il se porterait. Il n'avait produit qu'un seul réel effort : n'être ni excellent ni stratège, mais bien rester dans le juste milieu. Rien ne l'intéressait vraiment en particulier parmi toutes les matières enseignées. Sa motivation était claire à ses yeux : monter sur le navire du savoir qui seul l'éloignerait définitivement du cercle familial. Échapper à l'emprise de son père, aux inquiétudes de sa mère et aux reproches de son frère qui, lui, s'était bien sacrifié pour les siens.

Zweig doit affirmer d'emblée son autorité. Rassurer sa famille par de bons résultats scolaires. Mais pour en tirer bénéfice ! Avec l'argent de poche obtenu sans réserve, il en impose à ses amis, en les attirant aux concerts, aux expositions, conférences... Et au théâtre aussi, bien sûr. Il laisse traîner quelques lignes sur Brahms ou Bizet pour mieux séduire un ravissant minois qui roucoule devant son chocolat et son strudel au Rathaus. Un nouveau Stefan Zweig apparaît. L'adolescent turbulent et noceur laisse place à l'esthète, au séducteur philosophe, à l'artiste, au poète naissant.

Le jeu le fascine aussi toujours parce qu'il aime défier le hasard. Comme tout adolescent, il se sent alors protégé par un destin qu'il rêve prodigieux. Mais Zweig perd le plus souvent ! Alors il se prend de passion pour le jeu suprême, le seul qui s'interdit l'intervention du hasard : l'amour. Donc le sexe. Lequel exige une domination directe sur l'adversaire et autorise le vainqueur, par la maîtrise absolue de la pensée, à humilier le partenaire défait. Zweig fume, découche, brûle sa jeunesse. Il devient un homme assoiffé de plaisirs, un ogre dont rien n'apaisera l'appétit de vivre, de jouir, comme de découvrir. Ce n'est pas seulement la chair des femmes qu'il veut dévorer, c'est la terre entière. Et il tiendra parole :

il parcourra le monde ; mais il ne sait pas encore que ce qu'il ne cessera de parcourir et de découvrir sans fin, c'est son monde intérieur !

De l'enseignement strict du Maximilian Gymnasium, Zweig retire aussi une rigidité disciplinaire qui le rendra méthodique toute sa vie, et lui donnera un goût prononcé pour l'Histoire. Il a reçu une distinction méritée pour son baccalauréat en allemand, mais aussi en physique, et, justement, en histoire. Les portes de l'université de Vienne s'ouvrent alors en grand, et il entend se consacrer avidement, outre à la philosophie, à l'histoire de la littérature au seuil du XXe siècle.

Ses parents l'ont autorisé, alors qu'il a tout juste 19 ans, à se loger dans une modeste chambre d'étudiant. Zweig y découvre alors, avec sa liberté, son réel pouvoir de séduction. Mais s'il séduit, c'est en groupe, et il apprend à manipuler l'auditoire par ses qualités propres, c'est-à-dire cette intelligence acérée, immédiatement réactive à tout propos, dont il sait tirer parti. En s'adressant à Zweig, en quémandant son intervention sur tel ou tel sujet, ses amis savent, et attendent, qu'il profère, au-delà de son opinion, une solution avantageuse pour régler le conflit qui dégénérerait sans lui. Mais le beau parleur est aussi beau penseur ! Il veut tout voir et tout connaître. Il caresse un rêve secret. Égaler les jeunes gloires de plume naissantes : Rainer Maria Rilke, ou encore Hugo von Hofmannsthal. Et sûr de lui dans ce domaine, il poétise en diable et décide de se faire publier. Mais d'où peut-il tenir un vrai talent d'artiste ?

Rappelons-nous que Zweig, l'étudiant sage et mesuré, a su virer tout d'un coup au jeune fou de 19 ans à peine. Non seulement dans sa chambre de bonne, libératrice, propice aux liaisons éducatives en tout cas, mais dans les lieux à ne pas fréquenter sans risques. Zweig revendiquant bien souvent, plus tard, auprès de Klaus Mann, un savoir-faire éloquent acquis au lit avec trois putains. Une jouis-sance débridée à l'image de Musset ou Verlaine. Qui avait nourri aussi son âme des interdits. Pour gaver son imagination juvénile, avide, impatiente, assoiffée, et prête aux excès pour connaître enfin tout de la vie. Zweig se « dostoïevskisait » avec exu-bérance. Sans limites. Au jeu comme aux drogues interdites. Rien n'apaisait Zweig. Ni ses besoins sexuels immédiats ni sa voracité d'artiste en quête de reconnaissance. Mais il n'y avait pas que sa famille à convaincre, il y avait la société viennoise ! Et même au-delà ! À commencer par l'Allemagne, la grande sœur !

La cordialité de Zweig fait merveille dans les soirées berlinoises. Il séduit Rudolf Steiner, par exemple, par son esprit incisif sans se faire violence, et tant d'autres. Mieux encore, il se séduit lui-même. Il s'estime à sa place : poète, dandy, joueur invétéré, bête de sexe, tenant bon l'alcool, et prêt à parcourir le monde entier pour y trouver ce destin supérieur qui l'attend de New York jusqu'aux Indes ; du moins en est-il persuadé, et sa famille aussi, à présent. Zweig a donc réussi l'ouverture de sa partie d'échecs avec son destin. Tout s'est enclenché sans faute. Il s'agit maintenant d'attaquer de tous les côtés pour s'imposer comme poète. Son obsession désormais : il sera Byron ou rien.

Il vibre pour la poésie. Il ose donc faire paraître un ouvrage en 1901 : un humble succès d'estime. Son père pense que ce n'est qu'un passage obligé pour qu'il jette sa gourme, mais sa mère est convaincue définitivement : son fils préféré est un artiste, un poète, un écrivain.

Pour les professionnels, Zweig paraît digne d'intérêt dès la publication de cette première œuvre poétique, *Les Cordes d'argent*. Offrant la crème de ses textes à l'éditeur Schuster, Zweig n'est pas dupe. Cela ne vaut pas grand-chose pour lui, car ce n'est qu'apparence. Tout, en effet, paraît si bien que rien au fond ne doit l'être. Puisque rien ne dérange, rien ne choque, rien ne transgresse. Zweig fait alors preuve d'un don rare : la qualité immédiate de se projeter dans une tout autre voie que celle qu'il suivait pourtant avec tant d'espoir et d'acharnement. Sans en éprouver ni regrets ni aigreur. Convaincu qu'une réussite supérieure l'attend ailleurs. Être poète ne lui suffit plus ! Il se veut écrivain. Le ciel de l'âme ne le comble pas : c'est la terre de la pensée qu'il réclame.

La diagonale du chien fou, du jeune poète impétueux, va laisser place à la stratégie du pion qui peu à peu, inexorablement, avance sur l'échiquier, prend position et encercle l'adversaire pour finir par l'étouffer. Avec sa rangée de pions destructeurs, Zweig, sur tous les fronts – littérature, théâtre, cinéma –, va mener sa partie de main de maître, et rien ne semblera pouvoir l'arrêter.

Le soutien financier des proches lui permet de continuer à se faire paraître à l'aube du nouveau siècle, le XXᵉ. Son succès est toujours limité. Mais l'estime a pris racine. Le regard que la rédaction du plus important organe de presse, *Die Welt*, porte sur le récit atypique qu'il y publie, *Dans la neige*, est décisif. Un auteur est né, promis au plus bel avenir : le jeune Stefan Zweig.

La situation de Zweig est d'autant plus pénible, celui-ci oscillant sans cesse entre tuer le Juif en lui ou au contraire le motiver pour tenter, à son niveau, de changer les choses. Mais comment faire croire à de sincères préoccupations humanistes quand on est justement fils d'un bourgeois juif, qui a fait fortune et siège à Vienne comme un véritable parrain du textile ?

Doktor Zweig en philosophie, cela en imposera ! Trois années et le contrat de confiance sera rempli ! Mais comment se faire admettre comme l'un des leurs auprès des étudiants autrichiens de pure souche ? Leurs prérogatives sont claires : on pourrait les comparer à celles des Blancs vis-à-vis des Noirs des États-Unis qui, à cette époque, subissent les lynchages du Ku Klux Klan et les interdits en tout genre. Par exemple, on ne se bat pas avec un Juif, ce serait rabaissant. Durant ces années universitaires, on admet les Juifs comme des égaux, mais la sélection se fera à la sortie. Le bourgmestre Karl Lueger ne se prive pas de « bouffer du Juif », et cela ne relève pas de la plaisanterie chez lui. Ses discours ont creusé le sillage du parti chrétien social, préfigurant celui, profond jusqu'à la boue, du national-socialisme. Lueger, sans masque, représente le véritable visage de l'Autriche.

Zweig trône au Ring du Prater. Du 14 Schottenring au 17 Rathausstrasse, il joue au bourgeois. Persuadé d'être intégré, donc de ne plus se faire remarquer, il s'européanise par l'acquis remarquable de quatre langues en plus de la sienne propre. L'allemand par naissance. L'italien par le latin. Le français par passion culturelle. L'anglais par obligation. Et le grec par goût. Il est faux aussi de romantiser Zweig comme un Phileas Fogg pour lequel l'Europe n'aurait pas de frontière. C'est exactement le contraire ! Zweig sait parfaitement séparer chacune des pièces du puzzle européen. Pour lui, Zola n'a rien à voir avec Schiller et Goethe, ni non plus avec Proust, ou encore Voltaire et Nietzsche ! C'est la grande morale, si nécessaire pour bâtir une véritable Europe, que de garder précieusement à chacun de ses pays sa personnalité, sa culture, son originalité, son passé. Pour lui dégager un avenir qui lui correspond, et surtout ne pas le fondre avec tous les autres dans l'épouvantable hachis européen indigeste.

Il surestime Vienne, oubliant que cette métropole sublime n'a jamais caché son antisémitisme. La presse viennoise traque les Juifs depuis des décennies. D'ailleurs, de nos jours encore, sous des allures bienveillantes et hypocrites le chef d'orchestre inoubliable, le metteur en scène des opéras wagnériens, le maître compositeur Mahler, sublimé grâce aussi à Luchino Visconti dans *Mort à Venise*, est toujours aussi peu mis en avant par son pays, comme s'il n'en avait fait partie que comme un étranger de passage. Un Juif.

Mozart est autrichien, Mahler pas tout à fait. Si la musique de Mozart ou celle des Strauss sont reconnues comme emblématiques, typiquement autrichiennes, rien de semblable pour Mahler – ni pour Zweig en littérature. Ce que l'on goûte chez Mahler, c'est sa musique aux racines hébraïques. Quant à Zweig, après tout devenu citoyen britannique, on irait presque soutenir qu'il a trahi l'Autriche et les siens. Qu'il a fui, en somme, au lieu de se sacrifier et mourir Autrichien. Juif ou pas. C'est aussi, quand on réussit à délier les langues, le fond réel de la pensée d'aujourd'hui pour une partie de son pays natal. Dieu merci, pas pour une autre !

Ce qui est prodigieusement contradictoire chez Zweig, c'est qu'il joue sur les deux tableaux. Viennois d'un côté, Juif de l'autre. Les noirs contre les blancs ! Il cherche à finir par se mettre mat lui-même ! *Dans la neige* se veut un plaidoyer. Surprenant et terrifiant. Sur le massacre des Juifs fuyant leur ghetto, sur l'appel désespéré d'un cavalier héroïque préférant se sacrifier plutôt que d'abandonner les siens. Dix pages poignantes. Parues donc au cœur même du plus sioniste des journaux viennois : *Die Welt*. L'enfant de papier de Theodor Herzl. Les pages de Zweig furent rééditées avec fougue par son rédacteur en chef Martin Buber dans l'almanach juif qui suivit. Or, Zweig renia ce texte un peu plus tard. Pourquoi ? Il fallait devenir un écrivain autrichien écrivant sur autre chose que sur les Juifs et leur diaspora. À ce seul prix il atteindrait son but. Zweig n'hésita pas à céder.

Zweig a les larmes aux yeux quand soudain se déchaîne un déferlement d'éloges des plus grands noms de la poésie allemande ! Jusqu'à Rainer Maria Rilke lui-même. Quelques critiques antisémites n'y changent rien : Zweig, le jeune talent promis à un grand avenir, est né. Herzl le reçoit alors. Herzl a beau lutter pour cet État d'Israël, l'échec semble lui pendre au nez. Ses plus farouches détracteurs sont juifs, justement, et refusent logiquement de voir s'effondrer le mur, non pas des lamentations, mais de l'intégration.

Ce mur protecteur, ils l'ont péniblement élevé en Europe, par diaspora dispersée assimilée. Herzl, à leurs yeux, est en train d'allumer un incendie qui risque d'embraser la terre entière. Se retrouver chez eux en un État juif, Israël, signifiait bien pour les Juifs qu'ils n'avaient donc vraiment jamais été chez eux ailleurs.

Herzl et Zweig allaient tous deux alors jouer un jeu de dupes. Herzl en croyant soudain que Zweig, si beau, si fin, représentait enfin le parfait Juif intégré. On eût dit un pur Viennois. Et comment ne pas voir en lui l'enfant prodigue ? Zweig ne serait-il pas son parfait ambassadeur pour défendre la création d'un État juif ? Zweig avait non seulement la ferveur de la jeunesse, mais possédait parfaitement quatre langues ! Il n'aurait aucun mal à s'imposer brillamment aux quatre coins du monde pour l'avenir et la sauvegarde de son peuple.

Malheureusement, Herzl se fourvoyait tragiquement. Zweig entendait bien se « désenjuiver » par tous les moyens dans son art. Ses biographies se porteraient sur Fouché, Dostoïevski, Dickens, Marie Stuart, Marie-Antoinette, Romain Rolland, Verhaeren, Érasme, entre autres. Et s'il s'attelle aux Juifs Montaigne ou Freud, c'est presque par alibi. Mais malgré tous ses efforts d'intégration, Zweig, instinctivement, est un auteur juif, comme Kafka, Singer ou même Marx.

Après le refus de Mahler d'être à ses côtés pour soutenir cette naissance d'un État juif, Theodor Herzl doit donc essuyer celui de Zweig. Le congrès de Bâle allait virer au désastre, les Juifs russes refusant toute concession et exigeant le retour en Palestine, en Terre promise à Jérusalem, ou rien. Effondré, Herzl n'avait plus qu'une petite poignée d'années à vivre. Si Zweig avait été à ses côtés au congrès de Bâle qui fut son Waterloo et désespéra définitivement Herzl, qui sait si son talent d'orateur, sa grandeur d'âme et sa conviction inébranlable n'auraient pas fait pencher la balance en faveur de la création immédiate de l'État juif ?

Zweig n'entre pas en conflit de front avec Herzl, qui peut toujours lui servir. Il se défile seulement dès que la discussion revient sur ce mirage d'Israël.

Zweig réalise évidemment qu'il n'est pas devenu l'égal des plus grands en étant admis dans le jardin d'encre de la *Neue Freie Presse* herzlienne, où les plus belles fleurs européennes émerveillent, George Bernard Shaw et Anatole France en tête. Et si jeune, il sait manipuler comme il l'entend l'ensemble du havre qui l'accueille en son sein, pour les convaincre qu'ils ont misé sur l'oiseau rare. Lui qui s'est si souvent, en esprit, envolé pour l'Allemagne de Goethe, il s'y rend. Songeur, dans le train qui l'emporte vers Berlin, Zweig imagine s'y construire une réputation aussi. But avoué du voyage.

Alors, il va plonger dans la nuit des êtres qui errent dans les rues sales, s'engouffrer dans ce grouillement humain qui pue la poussière âpre de la pauvreté. Respirer la sueur des perdants de la vie, rencontrer des débauchés, sortis tout droit de la pure fange. Putains vérolées, maquereaux aux gueules burinées, homosexuels drogués, effondrés, loques de tout bord tentant de l'entraîner dans une valse de la mort. Zweig a saisi qu'il est en enfer à Berlin, et qu'il doit obtenir au plus vite son doctorat de philosophie à Vienne, pour respirer de nouveau l'air pur.

Celui qui en 1904, à 25 ans, deviendra enfin Doktor, Herr Doktor Zweig, docteur en philosophie à Vienne, y défendra brillamment sa thèse de doctorat portant sur Hippolyte Taine, le plus éminent connaisseur des États-Unis.

Le plus efficace était bien de choisir Taine. Judicieuse idée, pragmatique, correspondant parfaitement à sa clarté d'analyse, et sa limpidité d'écriture. Mais d'ici cette dernière étape pour décrocher son titre de Doktor, il quitte à loisir son pied-à-terre autrichien pour s'offrir la plus belle des vies : voyager autour de la terre. Sans aucun souci, puisqu'il est riche pour toute son existence. Il sera toujours facile pour lui de refaire le monde avec de belles paroles, des discours flamboyants, de s'apitoyer sur tel malheur et de s'insurger, la tasse de thé à la main, sur telle dérive humaine, politique ou culturelle. Zweig baladera sa silhouette élégante, raffinée, lumineuse, poétisant à souhait sur des réalités qu'il survole sans jamais mettre le pied dans la fourmilière.

Oui, si l'admiration sans borne que l'on peut vouer heureusement à l'écrivain de génie Stefan Zweig n'était là en contrepoint, les années de voyage de Zweig, jeune rentier, susciteraient un vrai dégoût envers un spécimen rare d'un égoïsme forcené, se construisant pour ses futures œuvres une sorte de bibliothèque d'âmes. Chacune de celles qu'il a ainsi croisées est classée en sa mémoire, de

Bruxelles à Rome, de Paris à Londres, de Florence à Madrid, d'Alger à Bruges, de Karachi à Calcutta, de Ceylan à New York, de La Havane à Fort de France, de Puerto Rico à Kingston, de Rangoun à Haïti, de Madras à La Haye, de San Francisco à Ajaccio. Collectionnées comme des photos volées, des autographes précieux. Il empile les notes, minutieusement répertoriées pour devenir efficaces au moment d'écrire au cas où il en aurait besoin.

Zweig brocante. Zweig achètera plus tard. À commencer par une bonne conduite, par pacifisme interposé, et une morale, par quelques propos de salons ou de presse, pour justifier qu'un cœur bat en sa poitrine. Zweig n'a rien d'un héros ni d'un prince. La vérité, c'est qu'il n'est pour l'instant qu'un parvenu vivant sur le dos de sa famille, et qu'il s'aveugle volontairement pour se protéger de tout ; donc de lui-même.

Nous sommes loin de ses vrais héros qu'il encre jour et nuit désormais, qui n'ont cessé de se battre, prêts à crever pour s'en sortir, comme Balzac ou Fouché. Ou sublimes folles comme Marie Stuart ou Marie-Antoinette, sachant se sacrifier avec une dignité exemplaire. Ou encore Érasme ou Montaigne, l'excellence dans la droiture de leur pensée. Eux, pas Zweig, du tout. Sans parler de Dickens ou Dostoïevski. Sans même la folie de Fiodor, dont la passion du jeu confine au grandiose, au pathétique. Et sans même la virtuosité de Charles, véritable Chaplin de la littérature de la boue et des faubourgs pourris britanniques. Le jeune Zweig est écœurant d'aisance et de plaisir. Il va même avouer qu'il ne cherche que dans les élites les plus favorisées de chaque pays, de chaque ville, de chaque quartier, la compréhension palpable de l'être humain, sa véritable proie.

Zweig collectionne. Zweig chasse. Zweig n'a surtout pas le temps de s'offrir du bon temps, justement. Il jouit par hygiène, comme il achète par besoin futur, mais pas par goût dans les deux cas. Le goût viendra plus tard. Avec au bout, il l'espère, une quête, pure et digne, vers la passion vraie. Seule raison d'accomplir enfin une œuvre digne de ce nom. Pour l'instant, ignorant à qui pourra s'adresser cette œuvre, il attend son heure.

Il commence à sortir ses tours aussi sur l'échiquier. Il s'agit d'être craint et d'aller à l'essentiel, tout droit, telle une tour. Pour parvenir à prendre la place qu'il juge méritée, la case de la gloire, centrale sur l'échiquier, Zweig va s'employer à séduire les gens qui pourraient lui être utiles. Zweig est donc à l'aise avec les autres. Il l'est moins avec lui-même lorsqu'il se retrouve seul. Et veut combler ce vide en s'appuyant sur sa reine, cette femme sur laquelle il pourrait compter. Mais où la trouver ?

2

La diagonale d'amour

L E jeune loup est prêt à tout pour réussir. Il lui faut trouver une présence féminine. Pour satisfaire ses pulsions sexuelles comme intellectuelles. Un cœur et un corps qui fassent de lui un homme. Une inconnue serait idéalement cette femme, d'une grande beauté et bien vite séduite, croisée par hasard dans une loge de l'Opéra. Il l'aurait poursuivie à la sortie. Zweig, en une seconde, aurait pris conscience qu'il en était fou, et qu'il allait sans doute la laisser bêtement échapper. Il lui aurait enroulé le bras sous les aisselles. Zweig aurait posé alors sa main dans la sienne. C'est cette seconde, ou deux, ou trois, où cette inconnue aurait pris la décision de devenir la maîtresse de Zweig, qui l'aurait ébranlé. Que ce serait-il passé ensuite ?

Étaient-ils, sans même se dire un mot, montés dans le premier hôtel venu ? Avait-elle, une fois dans la chambre, sans se retourner vers lui, commencé à se déboutonner ? Avait-il eu, lui, un moment d'hésitation soudaine ? Et l'avait-elle, en

se retournant, la poitrine offerte, défié ? N'avait-il
pas joui trop tôt ? Pour ne pas gâcher ce qui ne
se reproduirait jamais avec tant de puissance et
d'abandon, ils s'étaient juré ne plus jamais se revoir.
La vie se divertirait, pourquoi pas, à faire recroi-
ser de nouveau leur chemin. Dans un train, ou
en débouchant d'un carrefour. Zweig ne cessait
d'imaginer ainsi sa folle liaison avec une inconnue.
Mais ce qui n'était qu'un rêve obsessionnel de jeune
homme devint réalité.

En écrivain boulimique qui ne perd jamais le
nord, Zweig voulut d'abord transformer l'histoire
vraie en nouvelle. Il avait vraiment toute une nuit
fait l'amour avec cette femme, dont il se rappelait
l'odeur ambrée. Zweig se décida alors à noter
quelque chose pour, si la mémoire lui revenait
un jour, écrire enfin ce qu'il s'était passé. Il nota :
« Fourmis dans le cœur. » Son cœur, oui, son cœur
avait été comme paralysé par des fourmis. Et il en
avait ressenti une atroce douleur. Insoutenable.
Zweig se plongerait au cours de sa carrière future
dans d'autres écrits, mais le cadavre de cette
journée-là remonterait sans cesse à la surface. Alors
il finit par en saisir la signification. Chaque héros
zweiguien serait sujet au même symptôme : un
grave choc émotionnel, comme un virus sentimental
qui infecterait le cœur du héros. Plus rien ne lui
apparaîtrait alors comme avant. Grâce à cette rencontre fortuite d'une nuit d'amour l'écrivain venait
de trouver, au-delà de sa source d'inspiration, la

femme, un style. Il serait une sorte d'archéologue du cœur féminin. Mais se consacrer à sa passion littéraire exigeait avant tout qu'il en termine avec son cursus d'étudiant.

C'est enfin chose faite. Donc, Zweig, diplôme en poche, franchit la ligne et s'émancipe. Zweig n'est pas un cérébral, sinon il n'aurait pas eu besoin, par exemple, de rencontrer vraiment Verhaeren ou Rolland. Il se serait contenté de les imaginer ! De les voir en lui. Comme il saura si bien voir, et même entendre, Fouché, Marie-Antoinette, Balzac et les autres. Si, pendant sa décennie prodigieuse, il va voir en chair et en os ces maîtres de vie, c'est parce qu'il les juge et veut s'en nourrir pour son propre avenir d'écrivain. Alors il roque, se met à l'abri et ne bougera pas de cette position d'attente aux échecs où le roi se cache derrière sa garde rapprochée, cavalier, tour et fou, pour prendre le temps de réfléchir.

C'est à Bruxelles qu'il s'étonne lui-même. Son angoisse a disparu. Zweig a toujours rejeté le snobisme des castes bourgeoises viennoises, mais il a beau s'en défendre, il ne peut changer d'apparence. Et sa juvénilité a beau se masquer sous une rigueur contre nature, Zweig a du mal à convaincre de ses sentiments humanistes qui friseraient presque le socialisme marxiste. La marée bolchevique l'effraie, certes, mais son tempérament de braise, en même temps, y puise matière à alimenter son besoin insatiable de séduire.

En Belgique aussi Charles van der Stappen tombe sous le charme du brillant Autrichien, lui-même attiré par la fougue du poète Émile Verhaeren. Une amitié fondée sur le respect commun semble naître. Au début, Zweig se met comme par jeu au service du géant belge et en impose, sans ostentation. Zweig était en quête d'une mission, la voilà toute trouvée : faire rayonner les idées pacifistes paneuropéennes. Il semble qu'il s'y soit engagé à fond, s'étant contraint lui-même, à la limite de l'exubérance ou de l'acharnement, à donner chaque jour de son temps.

Zweig s'impose alors de traduire l'œuvre poétique du colosse flamand. Mais il ne restera qu'à la surface de ce qu'il aurait dû creuser dans cette statue vivante. Zweig croit-il alors vraiment au fond de lui-même, comme une intime conviction, que l'aurore d'un siècle de joie, donc de suprématie européenne, se lève ? C'est faire fi des troubles, des prémices de révolte de l'Empire britannique et de l'Empire français. Certes, ils semblent maîtriser pour toujours leur hégémonie, leur emprise sur leurs colonies, jalousées par leurs rivaux allemands, portugais, belges, hollandais, italiens ou autres espagnols, mais ne vont-ils pas vers le précipice ? Sans parler du plus fissuré de tous : l'Empire russe !

À ce tournant de sa vie, Zweig se croit autorisé à s'exprimer à cœur ouvert, à Berlin comme à Paris, au risque de choquer. Il parle à vive allure pour annihiler toute discussion de la part de son

interlocuteur. À Londres, les visites se succèdent
à l'emporte-pièce. Il veut tout voir. Donc ne rien
voir comme il faudrait ! Dès ses premiers pas en
Angleterre, pour une raison qui lui échappe, Zweig
a le cœur serré. Pressent-il qu'un destin tragique l'y
attend ? Mais il faut bien reprendre le jeu et sortir
du roque protecteur. Pour rentrer dans la partie,
Zweig va au plus risqué : la diagonale du fou. Le
pays de tous les dangers, de tous les mystères : les
Indes. La décision est prise, il s'y rendra, comme
déjà ensorcelé.

Le voyage imprévu aux Indes en 1910 après le
plat pays wallon s'avère traumatisant. Zweig, à
20 ans, ne découvre pas seulement la vraie misère
humaine, mais l'acceptation hindoue, consciente
et désespérée, d'une souffrance durable. Pour un
peuple de malheureux sacrifiés qui manifestent
leur effroi. D'idéaliste, Zweig devient réaliste. Il
fait preuve d'une grande maturité pour une si
courte existence. Il enrage, il manifeste un tempérament de feu. En dépit de l'éloignement, Zweig
se sent plus Européen que jamais, conscient aussi
des richesses inouïes de ce pays, qui à lui seul est
un autre monde, dont il pourrait très vite se sentir
prisonnier, s'il ne se décidait enfin à ne plus en
respirer le parfum enivrant. On ne quitte pas les
Indes, on s'en échappe, et Zweig y parvient de la
meilleure façon en s'enfuyant aux États-Unis et au
Canada, dans l'autre monde. Enfin !

Du Nouveau Monde, Zweig a soif de tout connaître. Il n'a plus à implorer l'aide financière de ses parents, il la mérite désormais. L'enfant prodigue a réussi son cursus au prix d'un travail humble et sérieux. Zweig, au tempérament ambitieux, succombe à son travail avant tout. Plus facilement qu'aux femmes. Même si les expériences ne manquent pas. Il n'en parle pas dans les chroniques colorées et subtiles qu'il livre au *Frankfurter Zeitung* et qui ne laissent aucun doute subsister : le chien fou s'est mué en esthète.

Il vient à peine de mettre les pieds outre-Atlantique, vaniteux et sûr de lui. Avec cette qualité naturelle qui fait sa force, il a celle de s'adresser aux lecteurs dans une complète intimité. Bavardant librement comme si de rien n'était. Pour mieux glisser son point de vue sur un milieu totalement étranger au sien ! La jeunesse viennoise s'étiole à ses yeux. Elle s'illusionne, convaincue de la suprématie habsbourgeoise, totalement aveugle aux appels d'ouvriers épuisés, écœurés, révoltés. Zweig, au prix d'une surprenante faculté d'adaptation et soutenu par son charme unique, à l'inverse, affiche compréhension et ouverture d'esprit envers une jeunesse américaine qui, elle, a tout compris ! Sa lucidité l'a fait mûrir à coup sûr ; il a su échapper aux Indes, rien ne pourra l'effrayer désormais.

Zweig est dans l'œil du cyclone. Rien ne se dessine de sûr, de précis, de construit. Il inquiète sa famille, et s'inquiète lui-même parce qu'il ne s'inquiète de rien, justement. Le monde n'est qu'une vitrine pour lui, mais encore faut-il qu'on lui ouvre la porte. Un homme va s'en charger, avec une clé qu'il gardera en poche précieusement pour quelques années : le pacifisme !

Si le Belge Verhaeren jouait le rôle de l'oncle fantasque, le Français Romain Rolland endosse celui du père. La bonhomie populaire de Verhaeren avait séduit Zweig, le Viennois coincé. La froideur sans pathos de Rolland va le remplir. Âme certes pure, mais au-dessus des autres, impalpable, où l'intelligence est soleil, l'écrivain va carrément subjuguer Zweig. La vie de Zweig, sa partie d'échecs contre lui-même a basculé à partir de l'entrée de Romain Rolland dans le jeu. Mais n'était-ce pas la pièce de trop ? Et si cette statue de commandeur du pacifisme humaniste qu'était Romain Rolland avait été pour Zweig un drame ?

Comble de l'aveuglement de la jeunesse, bourgeoise donc aisée, Zweig avait refusé de s'engager dans tel ou tel mouvement politique, voire de le soutenir. Le jeune Stefan Zweig était pourtant parfaitement au courant du courage de François-Joseph qui débouta Karl Lueger, par deux fois élu par les Autrichiens au poste de maire de Vienne, en 1895, puis en 1896. L'empereur osa refuser sa nomination. Zweig a donc vu Lueger accéder enfin à la mairie pour sa troisième tentative réussie le 20 avril 1897. Comment ose-t-il soutenir que Thomas Mann et Paul Valéry ne sont que des bêtes de conférence

pacifistes, qu'un public adore, mais dont l'efficacité est nulle ? Alors que lui-même va faire pire !
En affirmant que le peuple juif doit errer et ainsi
que le monde entier est désormais son monde, il
rejoint le cancer nazi.

Zweig a été empoisonné par les idées de Verhaeren,
chantre d'une douceur de vie apaisante. Il a sans
doute cru se construire une carrure d'homme et
d'artiste libre en se butant ; en adoptant une fois
pour toutes cette ligne de conduite insatiable : se
soustraire aux autres. « Stendhaliser » sa vie en
quelque sorte, non pas par égoïsme aristocratique,
mais pour mieux en jouir de son côté, en paix, loin
du *vulgum corpus*.

Malgré sa discrète distinction viennoise, Zweig
est curieusement inspiré par le communiste Romain
Rolland. Non parce que l'écrivain français fixe ses
regards sur lui, mais parce que Zweig ne veut pas
s'avilir comme écrivain en ne s'attachant qu'à l'apparence, à l'aisance bourgeoise, à la facilité. Zweig
ne cherche aucune faveur de Romain Rolland, mais
à gagner sa confiance. En lui prouvant justement
qu'un Juif bourgeois viennois peut partager les
idées généreuses d'un écrivain de gauche français
engagé. Zweig, poussé par un réel respect, se fait
l'ambassadeur de Romain Rolland. D'une main
sûre, il n'est plus le disciple d'un maître, mais
éprouve le besoin de lui offrir son amitié de bonne
foi. Avec une inébranlable honnêteté, il tente, non
sans succès, de pérenniser Rolland en Allemagne

aussi, pour que ce dernier lui en soit reconnaissant, ce qui ne manque pas d'arriver. Zweig apprécie la cordialité innée et les raisonnements toujours fondés de Romain Rolland. Quant à Rolland, il apprécie la conscience humaniste du jeune Autrichien, et lui trouve des airs de Diderot.

Pour Zweig, le temps des nouvelles publiées à l'aube du siècle naissant est déjà loin. Le Nobel français et le jeune prodige autrichien, pendant leurs années d'amitié et d'admiration partagées, auront encré près de huit cents lettres, inondant leur correspondance de pensées généreuses et de flamboyants plaidoyers pour une véritable Europe de la culture. Qui ne rêve que de goûter la paix. De la protéger. Totalement inconscients et aveugles. Oubliant que le seul moyen de la protéger eût été de s'armer pour la défendre.

Zweig a tout d'un génie. Et peu à peu, en se jugeant lui-même, sans concession, il se persuade qu'il a les plus grandes facilités à écrire lorsqu'il aborde son sujet de prédilection : la femme. Il ne sait pas encore comment il veut en parler. Mais il s'avoue, et c'est son secret intime, qu'elle lui parle, qu'il a une relation privilégiée avec elle, et que son œuvre ne cessera de tourner autour de la femme.

Les héroïnes de Zweig lui appartiennent. Il en est maître. Mais il l'est beaucoup moins dans la vraie vie avec les femmes. Ce sont pour lui des obstacles à franchir ; non pas pour les connaître, mais parce qu'elles le fascinent. Celle de trente ans : mûre, secrète certes, mais disposée à ouvrir non seulement son ventre, mais aussi son cœur. Et il ne pense plus d'ailleurs qu'à cela, comme une obsession maladive : trouver celle qui lui fera enfin savoir qui était sa mère, et qui sera celle de ses enfants.

C'est donc malgré lui, sans y songer d'une façon objective, pour un but bien précis, que Zweig va devoir s'en rendre compte. Apprendre son vrai métier, écrivain des femmes. C'est la meilleure de toutes les universités qu'il va suivre avec passion, sans retenue : celle de la vie. Il y aura enrichi son âme d'une connaissance inespérée au niveau le plus élevé du savoir humain : la philosophie féminine. Zweig ne peut s'empêcher quelques élans malgré lui, au passage de cette jeune fille qui a belle allure, de cette veuve inconsolable qu'il sort de ses pensées noires, ou encore de cette femme du monde secrète et d'une extrême pudeur qui cache en fait une hystérie. Zweig apaise ses sens.

La vérité est âpre, amère à digérer, mais Stefan Zweig, jouet de pulsions naturelles, est loin d'être un saint, et il n'a dû s'en ouvrir qu'à très peu d'intimes. Probablement à Klaus Mann, dont certaines allusions aux frasques érotiques de Zweig sont pour le moins troublantes et sans ambiguïtés. C'est tout à l'honneur de Zweig.

3

La reine Friderike

N'AYANT pas à se soucier d'argent, il peut porter son attention sur l'amour. Mais le fait-il vraiment ? Non. Zweig va au plus facile : il baise, sans états d'âme. Qu'elles soient plusieurs à passer des tranches d'heures, des après-midi sauteries ou des nuits d'ivresse, peu importe. Entre toutes les femmes qu'il tient dans ses bras et qu'il paye pour la plupart, Stefan Zweig a une aventure à Paris avec Marcelle, une couturière. Dans les moments de doute, il se sent devenir apathique, mou, démotivé. Elle le redresse, elle s'offre à lui, elle est mûre. Elle le domine sexuellement. Mais lui redonne le goût de vivre, de plaire. Elle a belle allure. Intelligente aussi. Et, pour le moment, si soumise à ses caprices. Sexuels ou autres. Une passion. La première à ce niveau-là.

Marcelle, la Française, aura donc ses faveurs à répétition. Mais Zweig est incapable d'avoir une vie amoureuse. Par désœuvrement, il a en revanche *des* vies amoureuses. Car c'est dans l'éparpillement, le désordre total, comme dans son bureau, comme dans son cerveau, qu'il trouve paradoxalement sa force ! Même ses héroïnes subiront ce calvaire, cette implosion. Zweig prend plaisir à repositionner patiemment chaque pièce, chaque élément de leur personnalité. Pour atteindre, à la fin de la nouvelle, le puzzle parfait.

Les putains lui ont fait connaître la jouissance, mais ce n'est pas une connaissance en soi. Au contraire, c'est une soumission, forcée ou pas, au plaisir. Alors qu'une femme sera bien autre chose qu'un intermède dans sa vie. Il ne saurait s'agir d'un entracte pour le bonheur de la chair, mais d'un lever de rideau pour laisser place à des scènes d'amour. Dont Zweig attend beaucoup. Mais au lieu d'une femme qui découvrirait l'amour avec lui, qui pèserait de toute sa jeunesse comme l'alliée idéale, compréhensive et réactive, pour le faire sortir de lui-même, Zweig va choisir le contraire.

Une femme qui, dès le départ, ne pourra le conduire qu'à l'échec. Une femme mariée, mère de deux jeunes filles, qui, en plus de son vécu, porte en elle, au-delà de son désarroi, son non-vécu – ce qu'elle rêvait de vivre. Bipolaire, dirait-on aujourd'hui.

Zweig rencontre Friderike von Winternitz pour la première fois au cours d'une soirée où ils s'étaient donné rendez-vous.

Il avait reçu le 25 juillet 1912 une lettre subtile de madame von Winternitz qui souhaitait le rencontrer.

Pleine d'admiration et d'un ton qui ne trompe pas, la missive convainc Zweig qui accepte de jouer le jeu. Et c'est le coup de foudre immédiat. Ils deviennent amants. Friderike Maria von Winternitz est journaliste. Elle n'a donc pas la langue dans sa poche. Et Zweig ne l'impressionne pas. Il lui fait l'amour comme Felix Elder von Winternitz, le père des petites, n'a pas su le faire. Il la fascine.

Elle lui plaît. Parce qu'au-delà de l'attirer, elle le flatte. Ni l'un ni l'autre ne cherchent à analyser leur relation adultérine. Parce qu'elle l'est, ils la croient fondée et pour longtemps. La correspondance entre Friderike et Stefan est bouleversante. Et sonne vrai. Prouvant que les deux amants se sont aimés et songeaient vraiment à convoler par amour. Mais tout est trop beau pour être totalement vrai.

Friderike, fille de banquier à la tête d'une banque britannique, était une juive convertie au catholicisme romain, selon le souhait de son époux Felix von Winternitz, pour éviter aux filles d'être traitées de juives.

Le mari travaille dans la fonction publique. Il est triste à mourir. Elle, née Burger, est certes cultivée, après des études parfaites au cours desquelles elle a acquis la maîtrise des langues, français et anglais en tête. Mais voilà, elle s'est mariée trop jeune, sans doute. Elle est décidée à divorcer, mais il faut un beau-père à ses filles Alix et Suse, qui ont 5 et 2 ans quand leur mère rencontre Zweig. Elle le choisit pour être ce beau-père inespéré. Zweig n'est pas dupe. Il hésite à s'engager comme chef de famille. Sa relation avec Friderike n'est encore qu'une réelle attirance sexuelle.

La situation est mesquine, et délicate à gérer. Le père ne soupçonne pas le moins du monde que la liaison de leur mère est d'une telle importance, et qu'elle va bouleverser sa vie : Zweig ne lui paraît pas capable de se fixer sérieusement dans une relation solide, et unique, en concentrant sa volonté sur le bonheur d'une compagne. Son ambition personnelle et sa volonté de percer semblent, aux yeux de Felix, le cocu du trio, l'emporter sur toute autre chose. L'intrigue se dénoue de la façon la plus inattendue. Friderike et Zweig décident de tout éclaircir. De tout avouer. Mais qui aime-t-elle vraiment en Zweig ? L'homme ? L'amant ? Ou l'écrivain, dont elle admire le talent ?

Pour la rassurer et la convaincre de son amour, donc de sa loyauté, Zweig affecte à dessein d'avoir aussi l'intention d'être plus qu'un mari : un père. Non pas comme une provocation à enfanter de nouveau, mais comme un gage futur de fidélité. Pour ménager la vanité féminine exacerbée de Friderike. Il ne tiendra jamais parole.

Or cette union inattendue avec Friderike Maria von Winternitz est vouée à l'échec. Zweig détourne Friderike de sa vie d'épouse et de mère, comme il se détourne de la sienne propre. La logique eût voulu qu'il convolât avec une jeune fille qui lui aurait fait découvrir la vie de couple. Zweig impatient, incessant maître d'œuvre de son destin comme toujours, n'entend pas attendre. Ni surtout dépendre. Il va trop vite. Il s'engage trop vite. Il n'admet ni l'indécision ni la contradiction. Et il se jette lui-même dans la gueule du loup.

Zweig a rompu avec son passé. Sa personnalité contradictoire l'engage à aller vers l'avant, au sens noble du mot. Mais la guerre va tout foudroyer. Zweig l'ignore encore. Lorsque, enfin, Friderike von Winternitz divorce en 1913, il s'en félicite, mais sans s'engager. Zweig dévoile son vrai visage.

Il a la tête ailleurs ! Il rêve de l'Europe, pas d'une femme. Loin des jérémiades journalistiques, il se gausse devant ce qu'il se persuade être l'avenir de cette Europe : une fraternité quasi universelle fondée sur la culture.

Dans le microcosme viennois, rien ne peut rester secret. La liaison de Stefan Zweig et de madame von Winternitz n'échappe pas à la règle, et remonte jusqu'aux oreilles des amis de Zweig. Certains le mettent en garde contre cette mère de deux jeunes filles qu'il aura sur les bras, quoi qu'il en pense, pour des années, et dont il ignore tout. Caractère comme fréquentations.

Ils se sont aimés bien sûr, mais pas de la même façon. Friderike admire Zweig, l'homme et l'écrivain. Comme Alma Schindler sacrifiant tout à Gustav Mahler. Pourquoi Friderike ne lui a-t-elle pas donné un enfant ? Pourquoi Zweig continue-t-il à sauter ses prostituées ? Dont sa maîtresse du

Palais Royal à Paris, qu'il ne cesse de revoir, et qu'il décrit, sans gêne, comme une exceptionnelle et insatiable reine du lit. Marcelle est toujours là. Avec elle, il fait l'amour comme un fou jusqu'au petit matin. Pourquoi Zweig a-t-il fait volontairement un enfant à Marcelle ? N'est-ce pas la preuve qu'il s'était déjà décidé au printemps 1913 à quitter Friderike, parce qu'elle ne voulait plus enfanter ? Pourquoi le même Zweig, qui semblait s'être enfin trouvé une conduite, se déshonore-t-il en payant Marcelle pour qu'elle avorte ? Pourquoi a-t-il tout avoué à Friderike ? Il se sent obligé, pour se soulager, de révéler son crime. Friderike, qui sait y faire, récupère Zweig pour elle seule, et Marcelle, la victime, se retire. Mais Friderike, lassée, veut rompre avec Zweig. À l'aube de 1914, le couple ne se la fait plus. Les masques tombent. Tout semble fini.

Dans ses propos de salons ou de cafés, Zweig a l'incrédulité de célébrer l'Europe d'avant 14 comme la plus riche, la plus puissante, la plus belle de toute l'histoire. Il la dépeint comme sûre d'elle-même, intimement persuadé qu'un avenir radieux l'attend. Cette analyse ne tient pas. Zweig oublie complètement, ou plutôt cruellement, les cancers de l'Europe. Les pogroms, les massacres, les inégalités ignobles, les esclaves, les martyrs, les laissés-pour-compte. Mais où donc Zweig a-t-il vu une Europe lumineuse, humaine et grandiose ?

Or l'empereur François-Joseph Ier est le Louis XIV autrichien. Monté comme le Roi-Soleil si jeune sur

le trône, à 18 ans, et au règne interminable également ! Plus de soixante-sept ans. Lorsque son fils
Rodolphe se suicide à Mayerling, François-Joseph
a 59 ans. Quand Sissi est assassinée, il en a 68.
Qu'allait-il, encore, avoir à souffrir ? Après la mort
de son fils chéri, de sa femme adorée, c'est son
Empire austro-hongrois qui allait périr à son tour.
Kaiser Lune, pourrait-on dire, tant il se montrait
au-dessus de tout.

4

Les tranchées du roi

SOUDAIN, en juin 1914 – le 28 –, c'est au tour de François-Ferdinand d'être assassiné, contre toute attente ! La guerre est désormais inévitable. Rolland et Zweig sont accablés. Ils l'affirment. C'est plus qu'un échec à encaisser, c'est une révélation. Le 28 juin 1914, la balle n'avait pas seulement tué un homme à Sarajevo, mais des millions. Elle tue aussi l'Europe, qui ne s'en remettra jamais.

Zweig constate à son grand dépit, semble-t-il, qu'il est jugé inapte au front. Mais le voilà, bon gré mal gré, enrôlé tout *de visu*, comme tant de confrères, directement dans les services de propagande, où obligation péremptoire lui est faite de prendre parti pour l'efficacité de l'armée germanique. Révolté par la trahison de Verhaeren, l'ex-pacifiste à présent, qui s'est enflammé avec une violence inattendue dans des éditoriaux belges suintant la haine et la rage, Zweig entend rectifier le tir. Il se met à l'ouvrage sur le front polonais, pour dresser avec honnêteté, sur un ton glacé, sans facilité, sans emphase, un état des lieux. Sans vanité aussi, sur la réelle situation matérielle des troupes, tout de suite plongées dans des combats terrifiants, sans merci.

Zweig donne le change et fait une affaire personnelle de révéler la vérité sur l'horreur, puisque lui tombent entre les mains les vraies dépêches que d'autres vont dissimuler et pervertir pour manipuler l'opinion publique. Zweig n'a pas l'étoffe d'un héros ni la volonté de mettre les mains dans la boue. On aurait pu le lui reprocher s'il n'avait enfin pris le risque d'y laisser sa peau aussi lorsque, envoyé sur le front en Pologne, il est le témoin crucifié d'horreurs qui le font hurler de rage. Et sortir de son état béat de pacifiste.

Alors va s'opérer un changement radical chez Zweig. En réalité, Zweig va devenir une poupée russe. La première poupée Zweig, la plus grosse : la peur ! C'est la plus stupide. La plus lâche. La plus méprisable. Celle qui n'a rien su prévoir. Qui n'a vu dans l'ultimatum autrichien à la Serbie qu'un jeu politique. Une arrogance sans lendemain. Mais François-Joseph transforme la menace en une véritable guerre. Et le 30 juillet 1914, c'est bien le vieillard qui est responsable de l'engrenage fatal. La Russie s'oppose à lui. Deux jours de cauchemar. L'Allemagne saute sur l'occasion de reprendre les hostilités contre les Russes. Puis contre la France. Et de violer la Belgique le 4 août. Sachant parfaitement que l'Angleterre ne saurait rester muette, et à son tour lui déclarerait la guerre. Zweig n'hésite pas une seconde. Le trentenaire réagit comme un ancien, injurie la France et les Britanniques. Comme s'ils étaient, eux, responsables ! Pour défendre leurs intérêts d'orgueil et de rapacité. Ce qui est évidemment erroné ! Zweig le fait avec d'autant plus d'arrogance qu'il veut se faire pardonner d'être lui-même inapte au service et d'échapper ainsi aux dangers du combat qui va emporter ses amis.

Coup de théâtre, Zweig est finalement déclaré apte. Pas pour se battre, mais pour débattre de la guerre. Restant planqué, à Vienne même, à la Stiftskaserne comme gratte-papier. Quasi-rédacteur du journal des armées *Le Danube*. Où il somnolera certes. Mais où aussi il prendra conscience de l'ampleur du désastre au nombre insensé de faire-part de décès qui lui passent entre les mains. Et qui déclenchera chez lui une sainte horreur de la guerre.

La deuxième poupée Zweig fait sauter la première : celle de la honte. Zweig, stupéfait, découvre que Verhaeren vocifère contre l'Allemagne. Et il a parfaitement raison, car elle commet déjà les pires atrocités en Belgique. Zweig a honte pour le grand ami belge. Mais Zweig a tort. Au lieu de comprendre enfin de quel côté se trouve la barbarie, il s'éloigne du poète qu'il a tant aimé. Il ne fera qu'une paix posthume avec lui. Qu'une fois l'horrible mort de Verhaeren survenue dans un tragique accident de train en 1916. L'uniforme, sabre au côté, que porte naturellement Zweig dans son bureau commence à lui faire honte. Il est même élevé au grade de caporal. Un comble à ses yeux ! Et quand un an seulement après le début des hostilités, en juin 1915, le voilà promu adjudant, c'en est trop ! Il part, enfin. Sur le front polonais. Inconscient de ce qui l'attend. Une autre honte, celle-là ! La pire. Celle d'être un homme. Et de réaliser ce qu'une bête humaine est capable de commettre comme ignominies. Le destin le fait partir de Vienne pour… Auschwitz !

Et la troisième poupée apparaît à son tour. Celle qui l'honore, celle qui marque enfin son retour à la conscience. Ce Zweig-là, c'est celui pour lequel on ne peut qu'avoir un respect infini. C'est celui qui a parfaitement saisi que l'Europe s'est suicidée. Anéantie. Fracassée. Et que ce sont les États-Unis, et l'Asie, à commencer par les Nippons, qui vont en tirer profit. La trahison allemande sera d'en profiter pour commettre son premier Anschluss sur l'Autriche. Elle le confortera encore plus dans son analyse. La Mitteleuropa est à l'agonie, exsangue. Zweig est enfin devenu un homme. Libre. Qui entend ne plus être sous influence. Les idées du Français le séduisaient. Ou l'aveuglaient plutôt. Mais Zweig avait trop d'orgueil pour se croire mené par le bout du nez par qui que ce soit…

Profondément atteint, sur le front, Zweig découvre aussi l'ampleur de l'antisémitisme quasi viscéral des Polonais. Les Juifs de ce pays sont, comme du temps du tsar, toujours présents, mais parqués comme des bestiaux dans des ghettos, d'une crasse et d'une insalubrité répugnantes. Il y aura désormais chez Zweig un précurseur de Singer. Pourtant, à la différence de ce dernier, il restera toujours à distance de la vie juive, comme s'il craignait de s'y trouver pris. Une biographie de Montaigne ou Spinoza peut-être, oui. Mais Zweig entend garder mesure et distance. Donc une fois de plus, il va fuir. S'éloigner du conflit de ses responsabilités même artistiques vis-à-vis du charnier.

L'empereur François-Joseph meurt le 21 novembre 1916. Et Zweig mesure déjà que son petit-neveu Charles Ier sera incapable de mener à bien sa charge. Aux archives de la guerre, le subtil colonel Veltzé dépêche Zweig pour qu'il aille en Suisse y faire monter sa pièce sur Jérémie. Il l'exempt de service pour quelques mois, et lui donne pour mission de tenir des conférences de propagande judicieuse en Suisse : Berne, Bâle, Lucerne et, bien sûr, Zurich. Au profit de l'armée allemande.

Huit ans auparavant, Zweig aurait dû faire déjà ses premiers pas au théâtre. Et pas n'importe où : au Théâtre royal de Berlin. Adalbert Matkowsky, le plus grand de tous, devait y créer le rôle phare de sa tragédie *Thersite* sur le narcisse d'Achille. Sorte de monstre de laideur de la guerre de Troie. Mais comme pour *La Force du destin*, opéra maudit qui, prétendument, porte malheur, la malédiction s'acharne sur l'œuvre théâtrale, elle aussi maudite. Matkowsky meurt d'un virus en 1908. Et son successeur pressenti, Josef Kainz, succombe à un cancer foudroyant deux ans plus tard, à Vienne, où la pièce est déjà programmée au Burgtheater. Le tiroir du bureau devient le cercueil de l'œuvre.

Zweig a beau affirmer son absolu soutien au judaïsme universel, globe-trotter aux bagages remplis de raison et de tolérance, il commet la pire des fautes, celle que vont commettre avec lui nombre de Juifs. Penseurs, scientifiques, intellectuels, artistes. Zweig ne veut pas d'un sionisme qui à ses yeux, comme Theodor Herzl le lui soutint, ne serait qu'un simple retour en Judée. Zweig n'y croit pas, ne veut pas y croire, persuadé que, dès l'instant où l'État hébreu renaîtrait, avec lui aussi réapparaîtrait le foyer incendiaire de la haine du Juif. Non seulement sur les rives du Jourdain, mais jusqu'à celles du Danube.

Zweig ne tolérerait qu'un peuple juif errant pour l'éternité. Remplaçant le temple détruit par le monde entier, devenu lui-même temple du peuple élu. Zweig est partisan de ne surtout pas faire de vagues, de rester un Juif discret.

La rumeur ne cesse pourtant d'enfler : les Juifs sont responsables du conflit ! Le Führer n'hésitera pas, quelques années plus tard, à affirmer que ce sont eux, les Juifs, qui trahiront l'armée allemande et seront les manipulateurs de ce traité de Versailles inique et désastreux. Et des millions d'Allemands et d'Autrichiens acquiesceront.

Dans de très belles pages sur les horreurs de la guerre 14-18, Zweig dépeint l'horrible souffrance des chevaux sacrifiés, et il ne cessera de comparer son cas à celui des équidés. Oui, le Juif, c'est cette bête humaine qui va mourir sans avoir commis de faute. Zweig présage le pire un jour lointain. Il sent qu'alors, personne ne réussira à fuir. Il avait vu juste. Les chars du Führer Pharaon extermineraient bien les Juifs comme au ghetto de Varsovie. Zweig le pressentait déjà en 1916, vingt ans avant les Jeux olympiques de Berlin, en affirmant que l'antisé-mitisme ferait le nid d'une nouvelle Autriche, et cimenterait sur la haine l'union des Viennois et des Polonais. Il présageait juste. Alors que n'a-t-il décidé de réagir avec les moyens qui étaient les siens ?

L'atrocité de la guerre va enfin transformer Zweig. C'est son esprit, son intelligence, son sens du jugement qui vont retrousser leurs manches. Et dans le domaine délicat qui est le sien, il va se révéler utile pour la collectivité du malheur. Stefan est-il le Juif et Zweig l'israélite ? Même s'il n'a pas lutté directement pour un sionisme herzlien qui, s'il avait abouti au congrès de Bâle en 1904, aurait peut-être évité l'holocauste, Zweig n'emploiera plus comme auparavant, dans son propre cas, le terme d'« israélite » plutôt que celui de « Juif » lourdement péjoratif à ses yeux pour un docteur en philosophie. Il ose utiliser le mot « Juif », pour lui comme pour ses coreligionnaires. L'effet est saisissant : Zweig s'affirme comme il l'entend.

Dans son œuvre, il est définitivement décidé à ne pas « s'enjuiver ». Zweig n'a rien à dire de lui. Il s'y refuse.

Zweig ne se prend pas pour un citoyen du monde. Il n'est chez lui nulle part, et surtout pas dans ce monde. Il serait plus juste de le définir comme voyageur sans bagage, sans identité, hors du monde. Parce que Zweig évoque un tableau idyllique de sa douce Vienne cosmopolite et ouverte au monde, multiple et rayonnante, de bons esprits croient que Zweig lui aussi l'est. Faux. Vienne n'est pas du tout en réalité ce que Zweig prétend nous peindre : violemment antisémite, et ce bien avant Hitler et les nazis, elle n'a rien d'un Éden culturel. Elle dévore, comme l'ogre qu'elle est, tout ce qui naît d'elle. Comme ce qui vient d'ailleurs et qu'elle a l'intelligence d'accueillir bien sûr, mais pour mieux aussi le bouffer et le vomir. Les plus grands ont tous souffert de Vienne, et en sont morts ou en sont partis. Vienne n'est pas un hôtel feutré et délicieusement désuet d'un charme suave qui ravit l'âme ; Vienne est un piège sans issue, qui, justement parce qu'il mord et déchire, se révélera source de création libératoire en réaction à ses interdits et ses *a priori*. Jamais la folie artistique, puisque l'artiste ne pousse son cri que dans les occasions extrêmes, n'aurait tant explosé, si Vienne n'avait été elle-même qu'une viennoiserie séduisante. Vienne – et c'est sa grandeur – a un goût amer, une odeur âcre, et porte les talons de sa prétention dominatrice.

On pense pour la France aux Bernstein, Porto-Riche, Tristan Bernard, Feydeau, Bergson et autres Guitry. Zweig assiste à l'effondrement des mœurs qui horrifie ses yeux d'esthète : Vienne orgiaque, Vienne débauchée, Vienne opiomane, cocaïnomane bientôt. Vienne putain ivre, Vienne crasseuse et puante, Vienne qui déchaîne quotidiennement la stupéfaction, la colère, la rage d'un peuple autrichien humilié.

Quand Zweig attribue à Nietzsche la paternité du concept d'« États-Unis d'Europe », il commet une erreur. C'est Victor Hugo, bien avant lui, qui le premier a argumenté et employé le terme exact des États-Unis d'Europe ! En outre, le géant plaidait en faveur d'une Europe du libre-échange. Zweig a beau être enraciné par ses origines moraviennes puis par son adolescence viennoise, il ne peut se débarrasser de ce qui lui apparaît comme un boulet : sa judéité.

La guerre fait rage. Son issue semble toujours incertaine. Mais Zweig est à l'abri en Suisse. Un bonheur n'arrivant jamais seul, Friderike, elle aussi, rejoint la Suisse. Pour représenter l'Union des femmes autrichiennes en tant que conférencière ! Zweig, pragmatique, va utiliser Friderike comme son mercure. Pour obtenir, grâce à de juteux papiers publiés par la *Neue Freie Presse*, le droit de demeurer chez les Helvètes. Sous le prétexte d'y saisir les prémices d'une solution pacifiste, qui mettrait fin au conflit dans les plus brefs délais.

Zweig se persuade que la France comme l'Allemagne auraient plutôt intérêt à une défaite prématurée, entraînant une paix immédiate ; alors que la poursuite d'une guerre épouvantablement meurtrière mènerait à leur perte les deux pays. Zweig est prêt à prostituer, comme de nombreux compatriotes, son humanisme sincère et déterminé pour obtenir cette paix coûte que coûte. L'armée des pacifistes joue comme elle peut : maladroitement. Aucun de ses membres ne doutant que le vaincu devra payer au prix fort, et donc insoutenable, la défaite finale. Zweig a beau mettre pleinement au service de ce jeu naïf ses aptitudes multiples pour maintenir la flamme humaniste, y croit-il encore lui-même ?

Zweig possède comme personne ce don de se mettre dans la peau d'un autre. C'est ce qu'il fit dans l'atrocité des tranchées, où la barbarie de la guerre l'horrifia. Lui y échappait, mais c'est en se projetant dans les autres, les gueules cassées, les corps déchiquetés, vidés de leur sang, que la vie, elle-même, lui apparut vidée de son sens. En prenant part à la douleur commune des martyrs, Zweig contempla avec horreur ces soldats voués, pour la plupart, à une mort abominable. Il imagina les planqués des bureaux rangeant benoîtement dans les tiroirs ces hommes morts devenus une simple ligne, voire un numéro à classer. La révélation lui vint, preuves en main, que toute cette boucherie n'avait aucun sens et ne mènerait à rien d'autre qu'à la ruine des deux côtés.

Imperceptiblement, au contact des atrocités de 14-18, Zweig réalise qu'il s'est perdu. Il en est sorti fracassé. Ce qu'il a observé, effaré de la férocité de l'être humain dans sa nudité, lui a déchiré l'âme. Il ne sera plus jamais question de croire en l'homme dont la personnalité se corrompt au contact de la masse, perdant son identité comme sa moralité, fondue dans le troupeau. La bête immonde réapparaît toujours.

L'écrivain effréné, prêt à bouffer la vie, vorace, s'est évaporé. L'ennui du vide règne en lui. Il n'a même plus la force de mordre. Le chirurgien de l'âme le plus subtil qui soit s'est mué en un guide solitaire, figé sur la ligne d'horizon d'une vie dont il ne perçoit plus le sens. Il ne se décide plus à voir qu'en lui-même. Et ce qu'il découvre l'effraie : un abîme sans fin, un Verdun d'âme ; et c'est la sienne, à jamais morte, déchiquetée, trouée, mutilée par les boulets de sa raison.

Il a commis l'erreur de consentir à vibrer pour autre chose que son art. Il décide de retrouver vite sa raideur innée. La religion pourrait-elle l'y aider ? L'apaiser ? Certes non ! La dissonance est réelle entre Zweig et les rabbins qu'il lui arrive de côtoyer. Il refuse de se soumettre à la Torah. Son âme s'est épanouie par les jeux de l'esprit et il entend demeurer libre. Sa culture viennoise l'enlace et à la fois l'étrangle. Désormais il y aura lui et l'autre. L'homme brûlé, l'homme en cendres, et l'artiste, l'écrivain ressuscité.

Et si le second écrit – et c'est bien là tout le sens de sa vie –, seul à son bureau, livrant son combat contre la page blanche, le premier ne peut vivre seul. Car le combat à livrer contre la vie l'effraye. Il ne pourra revivre qu'avec une femme pour le soutenir. Et pour le forcer à aimer. Donc à ouvrir son âme. Dont le second se nourrira pour son œuvre !

Cette femme salvatrice, qui est-elle ? Marcelle la Française, la passionnée, ou bien Friderike l'Autrichienne, la raisonnable ? Mais elles ne sont pas les seules avec Zweig. Il y a aussi la présence de Romain Rolland. Toujours fidèle à ses idées pacifistes. Il n'a pas changé. Aussi calme que le Léman, il rassure Zweig. L'orage finira bien par passer ! Et l'heure du ciel de Dieu, l'heure de paix resplendira de nouveau sur terre. Et pour tous. Zweig sait que son temps de quiétude en Suisse est compté. Une force supérieure va décider de son destin.

Il est miraculeusement libéré du service. Zweig réussit alors son pari : rester en Suisse, bien au chaud, et en adopter aussi la neutralité, attendant la fin du conflit comme un somnambule qui ne veut plus rien voir ni entendre. Mais l'attente de la délivrance est plus longue que prévue. Il y faudra un an presque : toute l'année 1918, jusqu'en novembre. Près de onze mois pour que le feu cesse. D'ailleurs, Zweig refuse d'endosser la peau du vaincu. Il demeure encore un an en Suisse.

Et la quatrième poupée Zweig apparaît à son tour : le Doktor Zweig. Celui qui attendait son heure, qui donne des leçons en conférencier visionnaire et caustique, d'une aisance et d'une profondeur qui lui apportent l'adhésion de tous.

Zweig se décide enfin à revenir au pays. Ce n'est pas pour retrouver les ruines de l'Empire disparu, mais pour s'installer au pays de Mozart, là où sa présence sera justifiée. La ville où le plus grand de tous est né : Salzbourg. Zweig veut se construire un nouveau monde. Tourner le dos à l'horreur.

Le couperet est tombé ! L'Allemagne a perdu la guerre. Le chemin de croix commence pour des millions d'Autrichiens aussi. Les États-Unis, les Alliés et l'Europe entière vont s'acharner et laisser des millions d'Allemands exsangues, faisant le lit du nazisme qui profitera de cet effondrement programmé. Zweig veut vivre, lui. Et enfin, au printemps 1919, le hasard bienveillant semble l'avoir finalement amené pour son bonheur familial à Salzbourg. Pour y goûter des jours heureux avec Friderike et ses deux filles. Mais l'apparence apaisante cache la réalité fatale. Le destin grimace : face à sa demeure, il pourrait apercevoir, s'il était au courant, le diable lui-même, le Führer. Adolf Hitler allait lui aussi habiter la région !

Devenu chef de famille, Zweig n'a plus rien du fils cadet de Moritz Zweig et d'Ida Brettauer. Frétillant, brillant, adolescent au visage d'ange et auteur déluré de multiples frasques. De parties d'échecs déchaînées au bistrot Rathaus ou d'autres parties, fines celles-là, au lit des beautés viennoises. Il s'initia vite, dès 15 ans. En découchant de la Rathausstrasse 17. Qu'est devenu le docteur en philosophie si chaleureux, conversant, charmé, avec Rilke et Rodin à Paris en 1904 ? Il est devenu celui qui se décide à devenir le second mari de Friderike : en somme, à se ranger.

Il en était probablement conscient, puisqu'il mit huit ans avant de se décider à épouser Friderike Maria von Winternitz. Peut-être devait-il aussi convaincre les deux filles du précédent mariage de Friderike qu'il ne leur enlevait pas leur mère, et qu'il serait pour elles le beau-père idéal ?

Cette maison de Salzbourg, Zweig va laisser le soin à Friderike de l'aménager. Elle va commencer par y vivre un calvaire. Travaux compliqués. On se gèle. Les filles sont angoissées la nuit en l'absence de leur beau-père. Une famille a même déjà squatté le lieu. Une mère et ses enfants pendant la guerre y avaient trouvé refuge et prétendaient être chez eux. Zweig décide alors de faire venir Friderike à Vienne. Pour la présenter à ses parents. Et il leur annonce son prochain mariage. Il tiendra enfin parole. Il prend les dispositions nécessaires. En décembre 1919, une dispense est accordée aux couples divorcés pour se remarier, le mariage peut donc avoir lieu. Mais coup de théâtre ! Sans la mariée ! Restée à Salzbourg, Friderike se fait donc représenter par son témoin. Curieux mariage, non ?

Ainsi Friderike Burger ex-madame von Winternitz devient madame Zweig en 1920, à Vienne, sans s'être dérangée. Alix et Suse (Alexia Elisabeth et Susanna Benediktine), les deux filles de Friderike et Felix, auront beau aimer Zweig, il ne sera jamais que leur beau-père. Plus douloureux encore, Zweig n'est pas catholique. Et cette barrière deviendra de plus en plus élevée à mesure que tout s'envenimera en Autriche. Lorsque leurs amies à l'école leur parleront de leur beau-père youpin, comment réagiront-elles ?

Mais nous n'en sommes pas encore là et pour le moment la maison de Salzbourg va servir à Zweig de refuge idéal pour ses relations publiques. Il y reçoit les plus grands. Ou plutôt, le couple reçoit. Car c'est bien Friderike qui organise tout. Zweig, au fond, rassasié par un succès qui ne se démentit pas, ferait bien parfois sa cocotte. Comme s'il s'agissait au demeurant d'une corvée nécessaire pour son standing, et qui ferait honneur à sa réputation. Qu'on en juge ! James Joyce, Arthur Schnitzler, Pierre Jean Jouve, Romain Rolland bien sûr, Paul Valéry, Thomas Mann, Franz Werfel et Alma Mahler, mais aussi Rabindranath Tagore, Arturo Toscanini, Béla Bartók, Alban Berg, Richard Strauss, Maurice Ravel. Quel orchestre ! Dont les seules partitions communes sont l'amitié, et l'admiration.

Ce n'est pas dans le malheur mais dans le bonheur, dans les périodes de vie les plus heureuses, que l'on peut découvrir le grain de sable qui va venir détruire l'édifice bâti entre deux êtres. Qu'a-t-il manqué à Zweig dans ce bonheur sans nuage pour qu'un jour il se sépare de Friderike, de ses belles filles qu'il a abandonnées sans hésiter ? Tout semblait *a priori* parfait. La maison, désormais célébrée. Et chaleureuse. La famille Winternitz décomposée et recomposée en famille Zweig en quelques années. Une femme compréhensive qui avait tout saisi de Zweig et qui, intelligemment, le laissait vivre sa vie d'homme et sa vie d'artiste comme il l'entendait...

Zweig ne cesse alors de travailler jour et nuit comme un forcené. La guerre est loin, semble-t-il. Et l'avenir n'est plus à craindre pour les Zweig. Pour l'écrivain, célèbre désormais, Paris en 1922 est une véritable ruche. Le miel du plaisir y triomphe, la femme se décorsète, se masculinise. Elle se bat pour libérer son corps et imposer ses droits, avec un instinct très sûr. Cette femme-là, comme Marcelle, Zweig ne peut s'en passer.

Zweig a la quarantaine rugissante. Il se croit au sommet : enfin ! Il se régale aussi de goûter sa responsabilité paternelle avec les filles de Friderike. Il croit tenir le beau rôle. Tout lui réussit. Mais ce climat séduisant d'une vie réussie n'est qu'une illusion tragique. En vérité, il a gâché tant d'années à traduire les autres, à adapter des tripatouillages d'autres biographes médiocres pour sculpter magistralement ses biographies illustres, et ce, au détriment de son œuvre ! Comme pour les femmes, il n'a pas pu s'empêcher de tout connaître, de tout faire, de tout dévorer, de s'exposer à tout, pour finalement exploser à son tour.

Zweig doutait de ses seules qualités d'auteur. S'attaquer à des biographies lui semblait un moyen plus immédiat de toucher le plus grand nombre de lecteurs. Quelle responsabilité majeure pour Friderike justement, de n'avoir pas su convaincre Zweig de cesser de s'éparpiller en vain ! En jouant au biographe couronné d'un succès mondial, il détruisait lui-même son image d'écrivain. On n'attribue pas un Nobel de littérature à un biographe, aussi brillant soit-il au demeurant.

Autre tragédie Zweig : ce mariage. Où tout est faux. Faussé en tout cas ! De son côté, qu'a épousé Friderike en Zweig ? L'homme ? Le chef de famille ? Le beau-père de ses filles ? L'amant de la femme mûre qu'elle est ? Ou seulement l'écrivain qui lui procure une satisfaction publique, artistique et financière ? Et Zweig, à quelle épouse s'est-il uni ? Une maîtresse de maison qui lui fait croire qu'il a enfin un vrai chez lui ? Une mère de famille ? Une complice attentive et admirative ? Une compagne qui présente bien ?

Le travail délirant de Zweig va être récompensé. L'ogre Zweig veut tout dévorer dans son art ! Il se décide à écrire une adaptation d'un chef-d'œuvre

emblématique du théâtre élisabéthain : *Volpone* de
Ben Jonson ! Et son *Volpone* va triompher dans le
monde entier. La droiture de cœur de Zweig à
cette époque ne fait aucun doute ; au cours de ses
pérégrinations européennes, il remporte cette fois
tous les suffrages et mystifie aisément chacun. Ils
n'ont pas seulement affaire à Zweig lorsqu'ils qué-
mandent un autographe au dramaturge ; ils sont
fascinés par la séduction et la classe de l'homme !
Louis Jouvet, Harry Baur et Charles Dullin eux-
mêmes feront triompher Zweig au cinéma. Jules
Romains adaptant remarquablement Zweig pour
la France, à la scène comme à l'écran.

Les admirateurs saluent aussi en Zweig le porteur
d'âmes de Baudelaire, de Verlaine ou encore de
Rimbaud, de Keats, et de tant de célèbres plumes
que Zweig a désormais en poche comme la mon-
naie de sa valeur et de sa probité, de Genève à
Londres, de Vienne à Paris. Mieux encore, *Fouché*
comme *Marie-Antoinette* sont de si grands succès
que sa gloire dépasse ce qu'il aurait pu imaginer.
Littérature, théâtre, cinéma : Zweig triomphe partout. Ce n'est plus la notoriété, mais la célébrité
qui le porte. Jusqu'à Hollywood, où le film de Max
Ophüls tiré de *Lettre d'une inconnue* va triompher !
Jusqu'aux oscars pour Joan Fontaine que le monde
entier découvre avec passion dans *Rebecca*.

Stefan Zweig soumet toujours la conduite de sa
vie à l'approbation du maître Rolland. Il ne cesse
de renchérir sur la valeur de l'écrivain. Pourtant,

Rolland a beau être présenté avec ferveur par Zweig à Sigmund Freud, c'est un échec : ils ne se rencontrent pas, ils se croisent. Inversement, l'année suivante le pèlerinage à Weimar pour y respirer la maison de Goethe cimente encore davantage l'amitié rollandaise. Le festival Haendel en est aussi le prétexte, et la découverte des archives de Nietzsche le point d'orgue. En 1927, année du centenaire de la mort de Beethoven, Romain Rolland sera lui aussi présent. Rolland se persuade qu'un jour Zweig, à son tour, sera nobélisé. L'avenir lui donnera tort, tragiquement.

Au cours de discussions parfois enragées où les esprits s'échauffent à Salzbourg, Zweig étonne ses interlocuteurs par de surprenants raisonnements. Il profite de ces joutes oratoires pour préciser sa pensée. Il tente d'absoudre l'Autriche de ses péchés alors que l'étau nazi se resserre déjà, au terme de ces années 1920.

Pour encourager une construction européenne destinée à la jeunesse, conduite par elle, en tant qu'Autrichien aisé, il espère une éducation pas uniquement nationaliste. Chérir sa patrie est un devoir, certes, mais qui ne se justifie que s'il est conduit comme une mission, consistant à partager cet amour personnel avec celui des autres pour leur propre nation. Donc à bâtir une Europe qui s'oppose à la guerre, laquelle n'a lieu d'être qu'en réponse à une agression ; mais Zweig confond tragiquement une Europe des nations qui ne mènerait à rien, sinon à un échec, avec une Europe des cultures qui, elle, atteindrait son but céleste : cimenter la paix.

Zweig, pédagogue, préconise un enseignement en forme de pont qui parviendrait à relier histoire et politique à culture et philosophie. Il n'a pas tort, mais il ne voit pas que la seule façon d'y parvenir passe directement par la culture elle-même, qui doit être attractive. S'il reconnaît que les guerres attisent la haine entre les nations et *a contrario* que la culture les unit, que le sang les abaisse et que les sens les élèvent, Zweig confond tragiquement peuple et nation.

Zweig ne l'a pas compris. Dessinez-moi une nation : vous ne pouvez pas, bien sûr. Ce mot fatal et criminel n'a rien à voir avec le mot « peuple ». Le peuple, c'est ce qui existe vraiment. Ce sont les êtres qui peuplent le lieu dit « pays ». Et à l'intérieur même de ce lieu, il existe bien sûr des êtres qui diffèrent les uns des autres, et constituent des peuples distincts. Ceux-ci, à l'image du terme populaire plutôt festif, ne demandent qu'à vivre ensemble. Le peuple américain, les peuples français ou chinois, les peuples britannique ou allemand, contrairement aux nations, n'ont pas de sang sur les mains. Honte à la nation, vive le peuple !

Si les nations envoyaient les êtres à la boucherie guerrière, les peuples, eux, se révoltaient pour lutter contre les inégalités, et leurs soulèvements firent avancer le monde. Zweig ne saisit pas que la culture est fille du peuple, et jamais de la nation.

Toute culture nationaliste tentée par des dictateurs qui étranglaient le peuple n'a jamais été autre chose qu'une monstruosité vouée à l'échec. Hitler, Staline, Mussolini ne laisseraient qu'un musée des horreurs. Zweig aurait dû saisir que tout artiste n'a plus de nationalité. Il fait partie d'un seul peuple, celui de l'art. En quoi un do, un ré, un mi, un fa, un sol, un la, un si seraient-ils allemands, italiens ou russes ?

Zweig a donc, lui aussi, cette idée obtuse en tête que l'art doit être purifié ! Que l'Europe doit être purifiée ! De là à mal interpréter ses propos, il n'y a qu'un pas. Un petit pas, en plus. « Soit ! affirment les nazis. Zweig a raison. Purifions donc l'Europe ! » Et commençons par l'épurer des tordus, des laids, des homosexuels, des handicapés, des Juifs, des communistes, des pauvres encanaillés, de tout ce qui n'est ni pur ni beau. Car l'art que soutient Zweig, qui serait purificateur, se chargerait donc de décider de ce qui mérite ou non d'exister. Or l'art n'a aucune limite, aucun *a priori*, aucune censure, et doit être justement le contraire d'une purification. Ainsi Zweig arrive en conclusion à un but opposé à celui qu'il s'était fixé. Rendre l'art pur et élitiste, alors qu'il doit être impur et populaire.

5

Face à la tour nazie

L ES années 1930 seront celles de la lâcheté et de la montée de l'horreur communiste, fasciste et nazie. Et pour Zweig, dix ans de chefs-d'œuvre et d'une gloire planétaire. Zweig ne s'étonnera pas des masses entières hurlant : « *Heil Hitler !* » devant leur Führer bien-aimé.

D'un mépris souverain, Zweig croira rester inébranlable en s'obstinant dans son pacifisme béat, qui n'est qu'un miroir qu'il offre à sa crédulité comme à sa lâcheté, et qu'il prend pour de l'indépendance. Zweig s'est rétréci, étriqué, abandonnant cette démesure qui faisait sa force et sa singularité.

Car en Autriche comme en Allemagne, des Juifs commencent à fuir. Tout est fait pour les en empêcher. Zweig, curieusement, décrit le peuple juif comme simplement en fuite, cet exode pathétique soutenant la thèse d'une simple expulsion d'Europe à la Ramsès, et non d'une extermination à la Himmler, Hitler, Heydrich et autres Goebbels ou Bormann. Zweig nous tirerait presque des larmes quand il dépeint un peuple bouleversé errant à l'infini depuis vingt siècles, et n'aspirant qu'à comprendre quelle faute originelle il a bien pu commettre pour mériter tant de souffrance et d'humiliation. Zweig est-il un obscur mystificateur pour oser faire de la littérature à bon marché sur le dos d'un peuple ? Le sien !

L'extrême danger de la position de Zweig c'est qu'elle conduit les antisémites à fonder leur rejet des Juifs sur trois arguments : les Juifs s'aident entre eux, les Juifs se trouvent géniaux, les Juifs empoisonnent comme un virus la pure culture nationale des pays où ils sont prétendument intégrés. Les peuples allemand et autrichien y souscriront. Des millions de nazis, et non quelques milliers.

Vienne a les mains sales depuis toujours ! Comment Zweig peut-il le nier ?

Dans ce sujet brûlant, la nudité intellectuelle de Zweig apparaît effrayante. Il fortifie son statut d'écrivain, cherchant à avoir la paix. Pratiquer son art par un orgueil protecteur qui l'oblige à se retrancher derrière une démarche pacifiste résolument passive qui lui donne bonne conscience et l'absout, pense-t-il. Lui évitant définitivement de mettre les mains dans la boue. Il se refuse à empiéter sur le terrain politique, et se retranche derrière une neutralité passive totalement stérile. Il veut empêcher la souffrance des autres de l'atteindre, mais qu'elle ne l'atteigne pas n'empêche pas qu'il en souffre ! Au contraire, il ne cesse d'y penser.

Zweig persévère dans son attitude factice. Il n'a aucun scrupule à qualifier de purification isolationniste son devoir d'artiste, à s'arracher des vanités et à s'enivrer d'une âme libre de tout. Cette âme qui n'abrite aucun doute. Soumise à une impatience passionnée : écrire. Écrire, écrire encore, écrire toujours. Jusqu'à mourir d'écrire. Quand comprendra-t-on que Stefan Zweig est en ébullition permanente ? Qu'il n'a rien d'un mollusque désuet et équilibré ? Qu'il est enragé et d'une violence rare qui peut le faire disjoncter à tout moment ? Que justement, deux seules choses libèrent l'homme de ses angoisses morbides et apaisent l'écrivain : le sexe et la plume ?

Zweig a besoin du monde pour puiser ses futurs sujets parmi les êtres croisés. Mais il se fourvoie en affirmant que la solitude lui convient à merveille. Gâté par la vie, il ne fait preuve d'aucun élan vers Dieu. À vrai dire, il ne se sent respirer qu'une fois la plume à la main ; il n'a jamais résolu de laisser s'épanouir en lui la foi, puisqu'il n'accepte pas la soumission. Devant la montée des périls, il a l'intuition que le pape ne pourra rien maîtriser ; alors il préfère faire la sourde oreille, avancer en aveugle, et s'évader dans l'histoire, à travers les biographies et les voyages.

Dans cette première partie des années 1930, Friderike reste à Salzbourg. Elle ne l'accompagne pour ainsi dire plus. Ses filles sont de plus en plus mal à l'aise avec Zweig. À leurs yeux, il maltraite

ou, pour le moins, ignore et humilie leur mère. Elles
pressentent qu'il la trompe. Leur mère trouve dans
leurs bras le réconfort et la tendresse que Zweig
ne lui offre plus. Car en plus, partisan du moindre
effort, il apparaît irascible dès qu'une contrariété
surgit. Il est continuellement insatisfait. Son opinion
des femmes est si médiocre ! Elles lui apparaissent
tour à tour esclaves à son service (telle son épouse)
et esclaves de ses plaisirs (Marcelle et toutes les
autres).

Les Zweig resteront pourtant mariés pendant
dix-huit ans, de 1920 à 1938. Les plus belles années
de leur vie. Pour Friderike Maria Burger, de 38 à
56 ans. Pour Stefan Zweig, de 39 à 57 ans. Tout le
plus beau de la vie, pour ainsi dire, à deux. Mais
c'est Friderike qui a fait tous les efforts nécessaires
pour que leur couple perdure. En se sacrifiant.
Telle Alma Mahler qui, de son côté, composait et
se mit au service de son mari, Friderike crut bon,
pendant des années, d'être l'ombre de Zweig. Et en
souffrit de même. Elle apparaît aussi complaisante
avec Zweig, dont elle accepte les écarts de conduite
– elle semble même les lui pardonner.

Elle passe sur tout. D'abord pour protéger Zweig.
Pas l'homme (elle ne se fait plus d'illusions), mais
l'écrivain. Jusqu'au jour où elle ne sera plus nécessaire, les filles ayant grandi. Jusqu'au jour où elle
s'autorisera enfin à penser à elle, et se décidera à
rompre enfin, pour libérer Zweig et lui permettre
de filer le parfait amour avec une autre femme. Sa

secrétaire ! Mais plus que tout pour se libérer, elle, de ces chaînes maritales qui l'étranglaient depuis trop d'années.

Zweig cède au désir de Friderike. Ils se séparent. Définitivement.

Sans cris. Zweig se rue dans le travail. Ce n'est plus du sang qui coule dans ses veines, mais de l'encre.

Il n'y a pas de contrecoup à la séparation. Rien n'atteint plus Zweig, semble-t-il ! Pourquoi donc, puisque sa vie privée semblait ne pas interférer dans son œuvre d'après lui ? Zweig compose peu à peu une mosaïque personnelle en passant sous silence des zones d'ombre de son caractère qu'il ne révèle jamais dans son œuvre. Avec son instinct émotif génial, auquel on ne perçoit aucune limite, il va donc parfaire une œuvre d'exception. Bien sûr, rien n'entrave alors sa concentration ; mais si l'écrivain a su se protéger dans sa bulle, l'homme est effondré, atteint comme jamais.

Friderike le taxait d'égoisme, mais n'était-ce pas le complimenter au contraire ? Puisqu'il sacrifiait tout, ou presque, à sa voracité d'auteur. À sa décharge, il trouvait dans la création de quoi satisfaire son instinct agressif dans ce sourd besoin de s'affirmer par l'écriture.

Zweig était d'une nature essentiellement mondaine et brillante. Seul avec lui-même, il paniquait d'affronter son moi dans une intimité forcée qui l'obligeait à ne plus simplement l'effleurer avec

curiosité et complaisance. Zweig ne perdait jamais
sa vivacité d'esprit. Il gênait tout son entourage, à
vrai dire, car il donnait l'impression désagréable
d'être sans cesse sur le qui-vive. À la fois effrayé
et agressif. Il ne se résolvait à aucun compromis,
ne faisait aucun effort pour arrondir les angles en
société. Il remarquait à peine, dubitatif et absent,
la présence affectueuse de tel ou tel ami qui aurait
pourtant dû attirer son attention.

Chacun tente de comprendre la raison de leur
échec familial. Zweig s'enflamme pour une vie
nouvelle qui jaillit, lui soufflant de fuir vers les
États-Unis, voire le Canada. Mais un moment plus
tard, nouvelle volte-face : c'est hors de question.
L'ultime refuge de Zweig réside en son œuvre
même. Il s'y retrouve, mais s'y perd aussi, avec
délice, comme si elle lui était une drogue dont il
ne tirait aucun assouvissement, une drogue jamais
épuisée et de plus en plus nécessaire.

En son temps, Friderike est bien sûr tout à fait
consciente de la valeur de Zweig. Mais, jugeant qu'il
se trahit lui-même en n'atteignant pas les sommets
auxquels il était en mesure d'accéder, elle l'humilie
plus que de raison. Zweig, sans cesse refroidi en
son orgueil, sa sensibilité soumise à rude épreuve,
repousse tout compromis. Et finit par craquer. Il
se rebiffe enfin et, à bout, demande le divorce.
Espérant recommencer une nouvelle vie dont il
aperçoit certes le danger, mais dont les espérances
l'attirent compulsivement ! Reconnaissons à Zweig

le mérite d'avoir osé effectivement tout abandonner, et repartir en outre, et contre toute attente. Il s'agissait bien de deux choses totalement différentes ! Se séparer de sa femme, et recommencer sa vie. Mais quelle vie ? Et surtout, il se savait incapable de la vivre seul. Il lui fallait un soutien, une femme. Mais qui ? Cette petite secrétaire dont les vues sur Zweig n'ont pas échappé à Friderike. Instinct de femme ! Et d'épouse surtout !

Son reniement à lui-même lui ouvre des domaines dans lesquels il n'aurait jamais voulu pénétrer il y a seulement dix ans : son besoin sexuel. Il ne semble pas souffrir du moindre complexe de ce côté-là. Aucune force érotique refoulée apparente, pas la moindre névrose. Peut-être, mais improbable. Qui n'en a pas ? Zweig élude en tout cas. Il n'en fait pour ainsi dire jamais mention, alors qu'à l'évidence, chez lui, une sorte de zone d'ombre secrète joue un rôle décisif. Mais Zweig se refuse la probité qu'aurait exigée une analyse objective de ses pulsions, auxquelles seul Klaus Mann, à sa mort, fera une curieuse et énigmatique allusion. Zweig possédait bien sûr cet instinct humain de jouissance, mais le satisfaisait-il vraiment ?

Et le choix de sa nouvelle compagne reposerait-il avant tout sur une attirance physique ou une complicité intellectuelle ? Qu'espérait Zweig ? La soumission ou le partage ?

À titre strictement privé, Zweig ne fréquente à première vue personne qui pourrait le détourner de son but : rédiger son œuvre infatigablement, travail indispensable à sa quiétude intérieure. Mais si son corps lui obéit encore, comme à la recherche d'une adrénaline nécessaire, son esprit, absorbé dans ses doutes, s'égare. Perd ce goût intime de l'écriture. Et s'irrite, rechigne, refuse de s'immerger tout entier dans une concentration créatrice.

Il est singulier que cet écrivain ait fait preuve, si jeune, d'une telle maturité dans son art, alors qu'il n'en manifestera plus dans sa vie à partir de 50 ans. Qu'allait-il faire, où croyait-il aller en unissant son existence à cette femme si fragile, cette secrétaire qui n'allait lui offrir aucune contradiction, justifiée ou constructive, pour qu'il s'oblige à aller plus loin, dans sa vie comme dans son art ? Réagissant ouvertement, sans arrogance, mais avec fermeté, l'âme bottée, droit dans ses certitudes, Zweig est inconscient d'être devenu un bourgeois oisif, contrarié dans ses goûts. Seule le sauvera de cette condition l'impulsion artistique qui l'oblige à travailler plus que de raison pour atteindre au génie, à la rareté, à l'incomparable.

6

Le roque du roi

COMMENT Zweig est-il entré dans l'histoire ?
Par l'histoire, justement. C'est là qu'il a puisé
la source de son savoir. Et qu'il a su, par un art
incomparable, radicalement opposé à ce qui se faisait jusque-là chez ses confrères historiens, donner
aux biographies qu'il a écrites une énergie nouvelle,
une patte inédite, un savoir-faire d'exception. Les
biographes ont trouvé en Zweig leur maître. Zweig
alors devient fanatique. Il lui faut toutes les informations possibles. Chaque détail peut tout faire
basculer, ouvrir une nouvelle porte sur le sujet. Il
s'enflamme, il juge, il tranche, il prend parti. C'est à
un tribunal historique qu'il nous convie. À chaque
fois, Zweig se porte au-devant du jugement que les
précédents biographes ont cru bon d'émettre sur le
cas étudié ; que ce soit Fouché par exemple, Tolstoï,
Marie-Antoinette ou Balzac, pour ne citer qu'eux,
Zweig réussit le tour de force d'obliger le lecteur
à accabler sans discussion ou à réhabiliter magistralement non seulement la figure historique, mais

l'être même. Avec un sens du raccourci, une logique implacable, des arguments décisifs et inattendus qui hissent chaque œuvre historique signée Zweig au niveau des plus grands.

C'est tout à fait remarquable et surtout populaire. Zweig, plutôt que de succomber comme trop d'historiens au fatras d'informations et à une récapitulation lassante, construit méthodiquement son récit biographique, saupoudrant d'analyses psychologiques d'exception chaque moment clé de la vie publique aussi bien que privée du mythe étudié. Impossible d'ailleurs, depuis Zweig, de dépasser, à l'exception de sa biographie consacrée à Freud, curieusement en retrait, la réussite de cette œuvre biographique qui fait toujours autorité partout. Les satisfactions d'orgueil, il n'en a pas manqué. Il ne se joue pas de la vraisemblance historique, il la rend parfaitement superflue parce que, sans la trahir, il assène sèchement les faits véridiques, mais irrésistiblement portés par son imagination. Il zigzague et nous livre, prodigieusement écrits, des réflexions passionnantes, des détails étonnants, des scènes impudiques, captivantes, des secrets d'alcôve insoupçonnés, des confessions accablantes, des révélations stupéfiantes. Zweig ne cesse de surprendre, et de se surprendre.

Le succès attire la jalousie. Maladive chez ses confrères qui ne supportent pas sa réussite planétaire. Hystérique dans la presse littéraire qui veut avoir le dernier mot et remettre à sa place le Juif si sûr de lui et qui pérore.

Zweig, fragile en vérité – puisqu'il sait ne plus pouvoir compter sur Friderike –, ne peut pas endiguer davantage le flot des critiques qui noient son inspiration et entravent son jugement sur ce qu'il écrit. Il passe de longs moments paralysé dans une contemplation stérile. Peu à peu, le doute s'installe. Il relit aussitôt ses textes, les modifie, à tort bien souvent. Il sent que plus jamais il ne goûtera la plénitude de la vie. Rien n'excite désormais sa vorace curiosité non plus. Il ne se sent plus en sécurité nulle part.

Sans qu'il le reconnaisse ouvertement, briller en société ne lui dit plus rien. Il constate amèrement qu'il lui faut bien s'entretenir un bon quart d'heure parmi un auditoire pour qu'un premier sourire lui éclaire enfin le visage. De là à ne plus justifier aussi qu'écrire soit nécessaire, il n'y a qu'un pas.

Et tout va soudain devenir tragique. Ce pas-là sera de l'oie – celui des nazis – qui résonne en 1934.

La Gestapo a décidé d'en finir avec Zweig. Les nazis pillent son appartement, volant toute sa collection d'autographes, de documents précieux. Détruisant aussi ses manuscrits, son œuvre. Par miracle, Zweig est absent. Cette fois, il a compris qu'il est en danger et que tout est perdu.

Il s'enfuit pour Londres, après une brève scène avec Friderike. Zweig hurle de rage parce qu'on lui a volé sa relique de la guerre, un pistolet qui appartenait à un soldat mort entre ses bras. Les valises portées par Friderike et les filles s'entassent dans le vestibule de l'appartement sens dessus dessous.

Mais Zweig part seul. Pas précisément par lâcheté, mais parce que sa femme refuse de le suivre ! Qu'espère-t-elle ? Qu'une fois le Juif disparu, on ne lui prête plus guère attention ? Ni aux filles chéries dont la vie même, les amis, les études sont ici. Les époux Zweig n'ont plus rien à se dire ni à partager. Comme si Zweig et Friderike n'avaient plus grand-chose à faire ensemble. Zweig a déjà ouvert la porte. Les valises sont sur le palier. Alix et Suse déposent maintenant le lourd cartable de cuir à lanières de leur beau-père et un en-cas pour le voyage. On se dit au revoir en pensant peut-être douloureusement adieu. On s'embrasse, on s'enlace, puis tout se fige. Comme si le temps s'arrêtait lui aussi.

Alors Zweig retire son chapeau. Il va faire la plus invraisemblable déclaration. Le coup de théâtre magistral qui clôt toute une part de sa vie : « Veux-tu savoir comment Strauss m'a convaincu ? Et m'a fait faire la plus grande erreur de ma vie ? » Friderike s'approche de lui, le regard intense, ses lèvres s'entrouvrent. Zweig jette un bref coup d'œil, puis relève le menton de son épouse. « Le fils de Richard Strauss a épousé une juive, ses enfants seront donc juifs aussi. Comment croire qu'il ne puisse être de notre côté ? Il n'a cherché qu'à mystifier Hitler. Si je me suis tu c'était pour le protéger lui. Voilà pourquoi je n'ai rien dit. Comment pourrais-tu encore m'aimer ? » Et Zweig part, sans se retourner, pendant que la porte se referme. Pas seulement sur lui, mais sur l'Autriche, désormais morte pour lui. La création de *La Femme silencieuse*, cet opéra sublime dont Richard Strauss lui avait demandé de signer le livret, se fera sans lui.

Comment Zweig s'acquitterait-il de sa dette envers sa famille qui lui a tant fait confiance ? Elle espérait tout de lui, et elle en attend encore tant, jusqu'à ce que les filles puissent être mariées à leur tour. Mais plus qu'il ne les quitte, elles, c'est lui qu'il quitte. Zweig le Viennois est bien mort. Qui va-t-il devenir ? Et où le nouveau Zweig va-t-il renaître ? À Paris ? À New York ? À Londres !

À Vienne, Zweig fut coupable de dérives à la limite de l'illégalité, et qui frisèrent un scandale retentissant. Un procès-verbal évoque un délit de rabattage dans les quartiers mal famés auprès de jeunes filles en fleur comme il les aime ou de jeunes éphèbes. Diffamation ou réalité ? Si c'est la vérité, Zweig aurait donc franchi le pas de trop. Il se mépriserait alors. Les choses vont se précipiter car elles ne lui appartiennent plus ; tout lui échappe avec son épouse, il perd pied.

Zweig passe de longues heures de méditation à revivre sa vie. À tenter de dénicher le grain de sable qui a tout détruit. Il songe à ces quinze années, ce n'est pas rien, de 1919 à 1934 à Salzbourg, où il est demeuré avec Friderike et ses deux filles, dans leur maison de Kapuzinerberg. Il n'a pas pu effacer de sa mémoire ces cinq mille six cents jours, et ces cinq mille six cents nuits-là. Il a exigé de la vendre, fût-ce piteusement, pour s'en débarrasser au plus vite, mais aussi pour qu'elle n'ait, de la sorte, jamais mérité d'exister. Le gâchis est total.

D'où est née la fissure ? Comment Zweig et Friderike l'ont-ils laissée se propager jusqu'au déchirement total ? La séparation. Ce divorce peut-être, du côté de Friderike, pas totalement assumé. Zweig ne peut continuer ainsi à se mentir. Ce grain de sable porte un nom, celui de sa jeune secrétaire : Charlotte Altmann.

Charlotte Elizabeth Altmann, émigrée de Sibérie, est née le 5 mai 1908 en Pologne. Petite-fille d'un rabbin de Francfort, elle devient en 1934 la secrétaire de Zweig à Londres. Plus effrontée que ne le juge au premier abord Zweig, elle use d'une sincérité naïve pour, peu à peu, le séduire. Elle sait le faire attendre. Comme elle saura le retenir. Zweig use à merveille de son petit sourire railleur qui lui confère une jeunesse insolente, toujours présente. Au départ, Friderike ne manifeste aucune intention de se séparer de son mari. Même ayant compris, puis admis, la liaison de son époux avec sa jeune secrétaire. Elle passera comme elle est venue. Comme les autres, sans doute.

Pourtant, Friderike a beau le rejoindre au cours de ses séjours niçois, ou cannois, pour goûter la lumière d'azur retrouvée sur la côte, Zweig, sans sourciller, s'affiche avec Lotte devant elle. Friderike a définitivement saisi, même si elle ne l'accepte que dans la contrainte, que le divorce est inéluctable, comme l'est la prochaine union avec la petite Altmann.

Friderike a vécu leur liaison sans surprise et sans indignation excessive. Charlotte la libérait, en somme, du poids constant de la présence de Zweig au quotidien. Une présence d'autant plus lourde et insupportable qu'en étant là tout le temps, il avait en fait le don d'être ailleurs. Et le déranger dans ses pensées eût été crime de lèse-majesté ! Monsieur écrit, son sang bouillonne. Que madame se taise, il pense pour deux !

Après deux ans de liaison avec Charlotte, Stefan Zweig, en 1936, choisit alors de fuir, avant de décider une fois pour toutes de s'engager définitivement dans un sens ou dans l'autre. Rompre avec Lotte. Du même coup divorcer pour retrouver sa liberté totale. Ou revenir à Lotte et l'épouser.

Comment les deux belles-filles de Zweig pourraient-elles lui pardonner d'avoir quitté leur mère pour une secrétaire ? Juive, comme par hasard, elle aussi !

Il faudra trois ans pour qu'il se décide enfin. Charlotte deviendra sa seconde épouse au bout de cinq années : en 1939, à Bath, en Angleterre. Zweig s'en était persuadé bien vite. Dès le début. Elle serait cette femme espérée. Dans sa partie d'échecs avec Dieu, Zweig a donc pu s'offrir deux reines. Friderike du côté blanc comme les pages blanches de sa vie à écrire, et Charlotte du côté noir comme la mort qui l'attendait. C'est pour l'éternité, cette fois, qu'il épouserait la Faucheuse.

L'adultère de Zweig avec sa secrétaire s'est inscrit dans la durée car ils n'en sont jamais sortis, même une fois mariés. Il n'y a pas deux madame Zweig, mais une seule aux yeux de Zweig : sa première épouse. Friderike se conduira jusqu'au bout comme si elle était toujours légitimement madame Zweig ; séparée de son second mari, certes, mais celui-ci lui appartiendra à jamais. Lotte ne sera jamais que la secrétaire de Zweig. Qu'il a finalement épousée. Son statut d'épouse a toujours été relégué derrière sa qualité de secrétaire. Et aux yeux de tous, elle l'est restée, même mariée. La liaison amoureuse n'ayant jamais cédé le pas devant l'union légalisée. Ce mariage ne paraît pas indigne, entre un patron et sa secrétaire, séduite et soumise. Mais il semble plus réfléchi que passionné. Il met les choses au point, mais ne transcende ni leur amour sans enfant, sans avenir, ni plus tard leur fuite. N'ayant jamais l'espoir de bâtir un foyer à eux.

Pour Zweig, s'il reste un interdit, le sexe le satisfait pleinement. C'est bien comme cela qu'il le goûte, et qu'il en donne une double preuve flagrante. Friderike est déjà mère, et mariée, avant sa liaison avec son amant Stefan Zweig. Lotte est sa maîtresse ! Zweig n'a pas eu besoin de s'inventer une autre existence cachée de sa première femme pour vivre pleinement son adultère avec Lotte. Il ne l'a tout simplement pas vécu. C'est un ménage à trois qu'il a décidé de former, dans lequel Friderike prenait intellectuellement la meilleure part, et Lotte la plus ingrate : celle dévolue au quotidien. Le plus âpre des choix.

Zweig avait marqué les esprits dès 1922 avec le diamant *Amok*, mais au cours de la décennie, il s'était fait un nom dans le monde entier, avide de créer un style propre à lui seul. Non seulement un style d'écriture reconnaissable entre tous qui scellerait sa notoriété grandissante, mais un style de vie qui lui assurerait la respectabilité où qu'il aille. Comme pour se rassurer lui-même de l'estime que le monde entier serait censé lui porter, non seulement pour l'œuvre, mais pour l'homme, donc pour ses positions pacifistes aux yeux de tous.

Dans son bureau exigu, au 49 Hallam Street, Zweig a d'abord été furieux que Friderike ne soit pas d'accord pour le retrouver à Londres. Il se détache d'autant plus de sa première femme qu'il ne veut pas, comme elle, croire que tout n'est qu'un rideau de fumée, et que Hitler finira par se discipliner ! Puisque, après tout, il est Autrichien ! Et qu'ils seront plutôt privilégiés, eux, en Autriche, lorsque tout sera revenu dans l'ordre. Mais cet aveuglement insensé, partagé par beaucoup, Zweig ne le supporte plus. Il veut rester indépendant et neutre, mais être dupe, non.

Qui dit autre vie dit autre personnalité ; celle de Zweig se transforme aussitôt sur le sol britannique.

Zweig à Londres a de plus en plus de difficulté à œuvrer. De cette douleur naîtront d'authentiques chefs-d'œuvre.

Il a anéanti sa sphère personnelle qui protégeait son imperméabilité aux événements tragiques. Sa sensibilité juvénile est morte depuis longtemps, il n'entend plus sacrifier son inspiration au quotidien de cette vie sans issue. Sans patrie, sans enfants, sans foi, sans amitié. Zweig n'a plus de vie car rien ne l'y surprend. Rien ne l'oblige à réagir, à combattre, à se plaindre même. Il croyait avoir tant perdu, mais il réalise qu'il a plutôt quitté les choses, qu'il en est désormais comme détaché. Sa paresse à réagir et sa lâcheté à tout admettre l'ont brisé. Sa vie n'a plus aucun sens, parce que son œuvre, elle-même, s'est égarée au crépuscule de sa vie.

Alors se produisent les marques du génie, qui échappent à tout raisonnement : Zweig, tel le Phénix, renaît de ses cendres.

Les trois coups de hache sanglante que le bourreau de Londres fit tomber si maladroitement sur le cou de Marie Stuart, dont la destinée tragique occupe désormais les pensées de Zweig, sonnent comme les trois coups d'un dieu régisseur qui lèverait à présent le rideau non plus sur la tragédie de l'homme silencieux, mais sur la comédie du joueur. Brillantissime variation de Zweig. Sa vie s'étant achevée à Vienne, il va s'en inventer une autre de toutes pièces, et s'y tenir en y jouant son rôle à merveille, sans jamais quitter la scène. Ce ne sont pas les souffrances du jeune Werther, mais celles du vieux Zweig.

7

Les dix petits pions

L ONDRES est le climax de la partie d'échecs. Ce moment de suspension où tout se joue, où tout peut basculer d'un côté comme de l'autre. Mais quel Zweig va conclure la partie ? L'homme ou l'écrivain ? Lequel prendra le dessus sur l'autre ?

Zweig se distancie de ses héros. Il ne prend pas parti. Il les laisse se dévorer entre eux. Son grand art consiste, sans jamais les juger, à obliger le lecteur à se glisser dans la peau des différents protagonistes. Zweig mystifie le lecteur, car il parvient à lui faire croire hypnotiquement qu'à lui seul, il pourrait presque décider pour le héros, et le dévier de ses doutes et de sa route tragique voulue par l'auteur. Quelques lignes suffisent à Zweig pour obliger le lecteur à se forger une opinion, donc à être accroché au récit dont il se sent partie prenante.

Et c'est d'une façon imprévue, surprenante et choquante que Zweig, très élégamment, clôt ses œuvres. Quitte à culpabiliser le lecteur qui avait pourtant toutes les clés, mais n'a pas été suffisamment malin pour imaginer l'épilogue.

Employant les mêmes ficelles, deux écrivains sont parvenus au même succès mondial.

Avec Agatha Christie, Zweig est l'écrivain étranger le plus vendu en France.

Oui. Il n'y a pas plus séduisante manière de captiver le lecteur. Agatha Christie et Stefan Zweig ont su le faire en maîtres absolus du genre. Sauf qu'Hercule Poirot ou Miss Marple correspondent bien sûr chez Zweig au lecteur, qui est au cœur de l'enquête. Le charme fou de Zweig vient de ce qu'il mène, comme Christie, une véritable enquête sur de véritables crimes de cœur, puisqu'il y a toujours un coupable et une victime. Et ce grain de sable infime qui fait basculer du bonheur promis au drame fatal. Mais chez Agatha, il s'agit d'un jeu de société où chacun est à sa place. Et un Poirot ou une Marple dénouent les fils de l'intrigue, en spécialistes implacables. Alors que chez Stefan, rien ne se dénoue. Au contraire. Il resserre davantage les nœuds. Il s'empresse de fermer toutes les issues, de clore le labyrinthe inextricable. Et va encore plus loin dans la détresse, l'accablement, la désespérance, la solitude éperdue, le néant qui, de toute façon, attend le héros et l'emporte. Zweig observe les travers humains. Christie les dénonce. L'œuvre de Zweig est un plaidoyer ; chez Christie, c'est un réquisitoire. Sur le même sujet : les crimes d'amour.

Agatha justifie inconsciemment les passages à l'acte, comme fascinée par les insoupçonnables machinations des meurtriers. Ils sont les jouets du destin. Rien ne les prédestinait à devenir criminels. N'est-ce pas la limite atteinte d'une Agatha Christie dont justement le fonds de commerce fut assuré par la diversité et l'opacité de ces assassins devenus siens ? Et qui lui ont permis de pondre ses œuvres plus réussies les unes que les autres ?

Je ne sais si Zweig se sentait comme Christie, redevable à ses héros du mal, mais l'on peut présager chez lui le contraire. Il n'éprouve aucune fascination envers les assassins. Ni d'ailleurs pour les victimes. Il reste dans son laboratoire d'écrivain à disséquer méticuleusement, sans faillir, leurs âmes. Ce ne sont pas leurs actes, criminels ou pas, sentimentaux ou pas, cupides ou amoureux, jaloux ou vengeurs, improvisés ou calculés, angoissants ou angoissés, qui le passionnent. C'est comment eux-mêmes réagissent à ce qu'ils font. Toute la différence est là. Zweig avoue au lecteur ce que, au moment où il agit, le héros s'avoue lui-même. Il révèle l'inavouable, les motivations réelles ou mensongères, les folies intérieures comme les abandons ou les perversités. Zweig est un chercheur d'âmes et il trouve ce qu'il quête : la raison des êtres déraisonnés. Agatha Christie ne cherche rien. Les faits étant pour elle comme des cartes qu'elle mélange, et abat au fur et à mesure du jeu. Elle coud, tricote, repasse, taille et crée pour un défilé de haute couture littéraire. Zweig, c'est Pasteur. Christie, c'est Dior.

À Londres, dans sa solitude et son désespoir, il se réveille parfois croyant avoir 20 ans.

Il n'a pas eu le courage d'oublier Vienne. Zweig a, tout simplement et naïvement, omis de se vider les poches.

La sincérité, c'est exposer la vie d'un héros. L'objectivité, c'est en faire le procès. Il ne cesse de faire son propre procès. Zweig ne supporte plus de fuir, mais surtout de se fuir.

Mais n'est-ce pas le propre, voire la qualité suprême, de l'écrivain de génie d'être un errant ? Non seulement dans la société dont il se délie à travers toute œuvre artistique, mais aussi dans le labyrinthe infini de son âme où il enferme à vie, et à mort aussi, ses personnages. Il y a dans son œuvre quelque chose d'essentiel et de rare qui échappe totalement à l'analyse de Zweig lui-même. Et c'est ce quelque chose d'autre qui en fait la modernité éternelle, et qui appâte, dans l'océan des livres de son temps comme de ceux à venir, les poissons lecteurs mordant à l'hameçon du suspens.

Christie et Zweig sont montés dans la même barque.

Mais il est le premier de tous à avoir saisi que chacun de ses héros, à la suite d'un événement imprévu, une rencontre, un regard, un mot, une odeur, une idée même, est suspendu soudain. Perdant toute notion du bien et du mal. Habité par un désir subit ou une peur atroce, échappant à sa propre logique et n'étant plus maître de son destin. Se sentant emporté malgré lui dans une histoire qui tiendra le lecteur en suspens. Rien n'est plus proche de Zweig qu'Alfred Hitchcock. Ce sont les deux maîtres du genre.

Mais chez Hitchcock, la femme, grâce à l'image, est le jeu même de l'œuvre. Elle en est l'icône. La beauté inaccessible qui magnifie tout. Et la récompense suprême promise au héros dont elle se joue tout le long du film. Alors que chez Zweig, qui n'a que la force de la pensée pour convaincre et séduire le lecteur, la femme n'est jamais le fruit à atteindre et à mériter. C'est l'homme au contraire qui est l'obsession de l'héroïne, l'homme qui tire les ficelles, avec ou sans succès, et qui rend bien sûr le lecteur complice de ses angoisses. Ce qui est tout à fait osé et attirant pour l'époque aussi, c'est que ses pulsions sexuelles sont clairement posées, et témoignent de l'influence inavouée de Fiodor Dostoïevski, Sigmund Freud et Émile Zola chez Zweig. Stefan Zweig, maître du suspens, pourquoi pas ?

L'œuvre poétique de Zweig est ce qu'il y a de quelconque en lui. Elle se veut sans défaut. Il y cherche désespérément la perfection. Il y réussira presque. Mais c'est justement parce qu'elle s'autocensure excessivement, parce qu'elle sent son Gymnasium qui suinte en elle, qu'elle ne sera dans l'œuvre de Zweig qu'une viennoiserie. Au goût suranné. Au parfum d'antan. Mais sans cette déchirure qui, elle, illumine son œuvre purement littéraire.

Quant à sa correspondance avec Romain Rolland, elle prouve assez, au fil de trente années et de huit cents lettres, que Zweig savait parfaitement maîtriser par l'écriture ses zones d'ombre dans ses échanges épistolaires. L'auteur Zweig s'y avoue plus fragile que jamais. Plus contradictoire qu'il ne s'imagine l'être, plus équilibriste.

Ce qui le fragilise, c'est qu'il ne jouit que dans son espace intérieur, tel Hemingway. Tout ce qui n'est pas de lui, en lui, par lui ou pour lui ne l'intéresse pas. Et son génie d'écrivain y prend sa source. Car tous ses héros, en réalité, n'en sont qu'un : lui-même. À travers toutes ses peaux successives. Il écrivait « sur » avant la guerre de 14. Pendant une décennie. « Sur » les autres. Nouvelles ou traductions. Il réajuste tout méticuleusement. Il s'adapte habilement. Il fait preuve d'une compréhension remarquable pour saisir l'autre chez l'autre. Mais après la guerre, il se résout à écrire « pour ». Pour lui-même. C'est beaucoup plus âpre, plus fort, plus grand.

Le vrai Stefan Zweig apparaît enfin. C'est tout un monde qu'il porte en lui. Et il mettra le reste de sa vie à le parcourir. À le découvrir.

Il s'allégera, et révélera des qualités d'équilibriste en magnifiant le trio étincelant de Stendhal, Casanova et Tolstoï. Aux cœurs de plume éblouissants, rarement égalés, toujours imités. Poètes de leur vie, d'après Zweig. Existences romanesques, bien sûr. Criminelles parfois. Passionnées toujours. La cime de ces biographies de légende n'atteindra pas Sigmund Freud : *La Guérison par l'esprit*, étude partielle et impartiale en demi-teinte, très respectueuse, trop peut-être.

Zweig est flatté de son succès immense. Et surtout planétaire. Son humilité se rétrécit à vue d'œil. Mais son esprit en même temps s'ouvre. Et se démultiplie. Traduire Keats, Verlaine, Rimbaud ou encore Baudelaire n'a qu'un louable objectif : prouver que l'art n'a pas de patrie. Qu'il n'y a qu'une seule langue. Celle des poètes. Et qu'elle est donc universelle.

Les quinze lumineuses années qu'il passe à Salzbourg de 1919 à 1934 pour écrire la majeure partie de son œuvre n'altèrent pas sa soif de créateur. Il affine son style. Il l'épure. Et se force à aller, après une brève exposition, à l'essentiel. Son ressort dramatique ne varie pas : le désir. Voilà le maître mot chez Zweig. Depuis son premier prix de poésie important, le Bauernfeld, il récuse l'art comme le reflet de la vie, mais affirme qu'il en est sa déformation, motivée par le désir. Il ne faillira jamais à cette règle.

Dans ces années heureuses, il n'apprécie pas, ose-t-il affirmer, le tapage du succès. Il n'aurait, selon lui, aucun orgueil. Et rousseauiste d'occasion, il rêve de quiétude solitaire. Dressant de lui un portrait flatteur, il enjolive son propre passé perdu. Il joue à l'aventurier anonyme, étant chez lui partout, en somme. Il y a quelque chose de charnel chez lui. Zweig nous donne suffisamment d'indices pour nous méfier des failles du héros. Et comme Zola, avec ses monstres tarés de familles décomposées, il nous persuade qu'à la place du héros, nous aurions slalomé à l'autrichienne pour éviter le ravin, et nous en sortir au dernier moment. La jouissance étant d'aller avec le héros jusqu'au bout du risque, mais de ne jamais l'atteindre. Ne jamais tomber dans le gouffre. Refermer un livre de Zweig, c'est se dire : « Ouf ! Je m'en suis sorti ! Dommage pour le héros qui, lui, y est resté. »

Zweig a sans doute tenu entre ses mains et caressé le dos de plus de livres que de femmes. Ces instants de silence, ces heures de lecture ont été des moments privilégiés. Où, malgré lui, enfin, son cœur libéré pouvait réagir sans qu'il le maîtrise. Et Zweig y ressentait des émotions rares pour lui quelquefois : des effluves de rage contenue, des peurs incontrôlées, des pulsions sensuelles, des égarements d'incompréhension, ou encore des apaisements soudains, qui s'ancraient en lui, et qu'aucune femme n'eût pu lui offrir. Ce n'est pas une vie dans les lits que Zweig aura vécue, mais une vie dans les lignes.

Les trois quarts de sa vie se sont donc passés dans un ravissement de lecture qui ne pouvait que l'éloigner du vrai monde, ce monde où il ne pouvait plus se laisser guider par les mots des autres. Mais où il était tenu de réagir aux maux des autres : la misère, la peur, la souffrance. Alors Zweig se rendit compte qu'il ne pouvait y faire face. Le visage des autres n'était pour lui qu'une page blanche qui le terrorisait. Le talent de conteur de Zweig est celui d'un oncle qui raconte de belles histoires aux enfants. Et à qui l'on voue une tendresse infinie. Lui qui aura bercé notre adolescence. Tout lecteur de Zweig est enclin à lui pardonner les dérives de sa vie privée, et à le soutenir corps et âme jusqu'au bout. Mais c'est une erreur.

Car de sa vie privée l'écrivain sort amoindri. L'œuvre de Victor Hugo apparaît encore plus riche quand on y révèle aussi la puissance de la vie politique ou sexuelle du géant. L'œuvre s'éclaire alors. Or chez Zweig, par exemple avec *La Confusion des sentiments*, on découvre l'un des plus purs textes sur l'homosexualité, qui procure à l'image que l'on se fait de Stefan Zweig plus de chair humaine, le consacrant comme un homme d'une grande modernité. Or ce ne peut être que par expérience personnelle vécue qu'un tel texte sonne aussi vrai. Oui, la vérité, toute dérangeante qu'elle soit, ne rend Stefan Zweig que plus exemplaire, car elle lui confère une ambiguïté et une force rares. Équilibrant enfin en lui vérité et mensonge. Chez Zweig l'âme est courageuse, la pensée est lâche.

Oh ! bien sûr, partie gagnée ou perdue, mat ou pas, Zweig s'en tire merveilleusement, et pourra

toujours compter sur l'amour infini de ses milliers
de lecteurs prêts à tout lui pardonner. Car dans son
œuvre, c'est son âme qui parle. Qui s'épanche, qui
charme et qui éblouit. Mais la pensée de l'homme,
aisément cernable pour qui veut demeurer impar-
tial, restée secrète, est médiocre, mensongère, acca-
blante. Or c'est cette humanité-là, cette faille-là qui
donne chair à Zweig. Sans elle, il serait confiné
dans le carcan de l'écrivain de génie. Stefan n'a
rien à envier à l'autre Autrichien, Mozart, dont on
a fini par connaître les obsessions et les vulgarités.
Comme lui, Zweig crotte, pète, vomit et baise. Et
cette face humaine les grandit tous les deux !

La merveilleuse et enivrante puissance émo-
tionnelle de Zweig dans son œuvre fait croire au
lecteur qu'il est une sorte de médecin de l'âme.
Qu'il est capable d'en faire découvrir patiemment
toutes les zones les plus sensibles. Et surtout, à
l'image de Zweig lui-même, celles que le héros
ne souhaite pas laisser apparaître. D'où vient ce
talent si particulier de Zweig, si ce n'est de s'être
lui-même livré à sa propre analyse, et d'en avoir
été bouleversé ? Sachant qui il était, Zweig a vite
appris à mentir.

Comme tout auteur, Zweig aussi doit tout
d'abord répéter, donc planifier l'œuvre qu'il va
écrire. Assimiler une documentation importante,
voire démesurée parfois. Et de sang-froid il doit
construire sur des bases claires, et quasi définitives,
le caractère propre à chacun de ses personnages.

C'est seulement quand la valise est pleine qu'il peut se laisser aller à voyager dans son œuvre ! La traversée peut commencer. Il largue les amarres du réel. Le souffle de son imagination va conduire l'œuvre-navire quelquefois là où Zweig ne s'y attendait pas. Il aura le savoir-faire, aussi, de ne pas s'opposer de front à ses héros ; et s'il y a conflit entre l'auteur et sa chose, Zweig n'hésitera pas, plus d'une fois, à introduire aussitôt dans l'œuvre un personnage imprévu qui, une ligne après être entré dans l'histoire, jouera déjà le jeu et obligera le personnage récalcitrant à accepter les volontés de l'auteur ! Zweig a donc une qualité rare qui consiste à ne plus être lui-même lorsqu'il travaille.

Cet être si lâche dans la vie est atteint de folie lorsqu'il voyage dans son écriture. La mer de ses mots l'emporte et le submerge. *Lettre d'une inconnue*, pour commencer par la perfection, est un bijou qui étincelle de la folie d'amour tragique de l'héroïne ; et l'art absolu de Zweig, c'est de nous convaincre précisément que c'est par amour que la déraison s'est imposée. Un amour motivé essentiellement par le désir ! Une vérité s'installe chez la narratrice, et nous ne la remettrons jamais en cause. On est bouleversé par l'émotion pure quand on achève *Lettre d'une inconnue*. On en sort grandi, parce qu'elle-même en sort grandie : on est devenu elle.

Le héros n'est plus que l'objet involontaire d'une suite d'événements qui, malgré lui, l'entraînent loin du rivage pour mieux le noyer. On évoque souvent l'intelligence et l'acuité de Zweig à propos de la délicatesse avec laquelle il a traité cette histoire qui pouvait s'avérer choquante. Mais il ne l'a pas traitée, cette histoire complexe, il l'a maltraitée, pour, sans aucune pudeur, oser aller jusqu'à une profondeur humaine, une dignité qui emporte l'adhésion.

On s'émerveille aussi de ses mots, eux-mêmes à nu, qui, dans l'ordre choisi que Zweig fait régner, prennent une valeur parfois insoupçonnée dans l'émotion pudique qui émane du récit. On oublie cependant de préciser que le héros – la soixantaine d'un Zweig, presque – narre une histoire dans laquelle – comme Zweig a l'habitude de le faire dans la vraie vie – il se donne le beau rôle. Contrairement aussi à l'image que l'on prétend coller à la peau de Zweig, la lucidité qu'on lui attribue n'est qu'un vertige dissimulé, opaque, qui le tétanise comme ses héros et l'empêche de prendre un vrai risque, ou en tout cas d'avouer qu'il l'a pris.

La construction idéale pour Zweig : enfermer ses héros dans un labyrinthe dont ils ne sortiront jamais. Zweig est génial, car il a compris que tout livre est un labyrinthe Ils errent sans espoir de s'échapper pour la nuit des temps. Zweig a aussi noté qu'ils se perdent dans le labyrinthe en y croisant tous les autres personnages, dans tous les lieux différents et à propos de toute chose. Mais ce que Zweig a ajouté, en visionnaire, c'est une autre dimension à ses héros. Le livre est un labyrinthe, certes, mais le héros aussi en est un, dont il ne sortira jamais.

On ne ressort pas intact d'un chef-d'œuvre de Zweig. Une part de soi-même, après avoir lu, y reste ancrée. Avec *Vingt-quatre heures de la vie d'une femme* – qui a donné lieu à de multiples démarcations éhontées –, Zweig atteint une qualité suprême. Il maîtrise à la perfection ces trois thèmes privilégiés : la confession, la folie, la passion. La confession d'abord, c'est très habilement en flash-back que se livre l'héroïne, Mrs. C. Cela cimente une immédiate complicité avec le lecteur. Folie ensuite, car tout chez Zweig part de la folie chez ses héros. Et, suprême artiste de la plume, Zweig réussit là aussi à envelopper de folie l'histoire elle-même ! Il traverse le miroir, puisqu'au héros habité par la folie du jeu, il superpose la folie de l'histoire elle-même.

Croire à une telle suite d'événements en si peu de temps, en vingt-quatre heures, relève de la folie. Zweig est éblouissant de précision. Et avec un doigté sûr, il livre une force inouïe, alliée à une élévation d'une légèreté qui caresse l'âme. La réussite est totale. Pas un moment de relâchement dans la qualité de l'écriture. Pas un moment de flou dans le récit. Face à l'inconnu dans son quotidien, le héros, comme chacun, se trouve à nu et retrouve alors sa bestialité première. Il n'obéit plus qu'à une règle : celle de faire face. Alors une chose primaire et qui va tout changer et tout révéler l'habite : la peur, bien évidemment. Et le réel génie de Zweig et de Camus, c'est d'avoir bâti leurs deux chefs-d'œuvre sur la peur du héros face à l'inconnu, certes, mais surtout face à lui-même.

Un texte se révèle une véritable autopsie de l'âme : cette âme qui meurt d'amour. La cruauté de ce père fissuré de honte et de jalousie vis-à-vis de l'éclosion sexuelle de sa fille, dans *Destruction d'un cœur*, donne au récit un côté malsain, en ce qu'il entend nous faire presque partager, voire pardonner, la véritable folie possessive paternelle, mais aussi – avouons-le, perversité oblige – la folie charnelle de ce père. Qui, pour être un vieil homme, n'en reste pas moins un être humain.

8

Échec au moi

SIGMUND FREUD, en archéologue, va passer sa vie à la recherche du subconscient perdu. Stefan Zweig, beaucoup trop hystérique et impatient, va jouer au lièvre si Freud fait la tortue. Ce qui l'intéresse, ce n'est pas spécialement ce qu'il va trouver en creusant l'âme de ses héroïnes, c'est le moyen d'y parvenir. La quête l'emporte sur le résultat.

Pour Freud au contraire, la vérité n'existe pas. Elle n'est qu'un mensonge qui se révèle. Son imagination descend dans les profondeurs angoissantes des gouffres de l'âme perverse et terrifiante de l'être humain. Pas étonnant que la séduction soit du côté de Zweig qui tire les ficelles. Pas étonnant aussi que la modernité soit du côté de Freud. Implacable révélateur d'une cruauté insoupçonnée parfois. Intransigeant et impénétrable. Freud ne varie jamais, Zweig dévie sans cesse.

L'injustice lui paraît un sujet bien plus passionnant que la justice, figée et sans âme. Zweig est bien cet homme-là : un amoureux des monstres qui le fascinent. Certes, il y a dans son art d'écrivain de génie une incomparable qualité : l'être humain s'y trouve dans toute sa cruelle vérité. Zweig est francophile, et il n'y a aucun doute que, en dépit de la fraternelle admiration qu'il s'honore d'éprouver pour Sigmund Freud, en dépit des milliers de lignes d'explication, de soumission, d'aversion ou d'adoration échangées avec Romain Rolland et les autres, la principale correspondance de Zweig est au fond celle dans laquelle il se révèle à lui-même, par personnages interposés, les secrets de son âme. Son œuvre.

S'il n'en possédait pas des secrets inavoués, pourquoi serait-il écrivain ?

Cette correspondance majeure avec son correspondant le plus rude est quotidienne. Celui à qui il ne pouvait rien cacher. Lui-même. Comment peut-on être assez naïf, au bout du compte, pour ne pas avoir au moins remarqué que Stefan Zweig, comme tant d'autres écrivains, a procédé à son intime confession par œuvre interposée ? Il a voulu se juger, sans craindre son propre réquisitoire.

Zweig a vécu les existences de ses héros par procuration. La nuit, il continuait à s'entretenir avec ses héros. Cette fois, c'étaient bien eux qui le poursuivaient de leurs assiduités, l'accablaient de reproches, le harcelaient à son tour pour réclamer des comptes sur ce qu'il leur avait imprudemment fait subir. Si Zweig s'était senti aussi apaisé qu'un La Fontaine dans ses songes, pourquoi aurait-il soudainement replongé en plein cœur du drame à chaque réveil, s'imaginant que le jour qui se levait serait peut-être le dernier à vivre ?

Contrairement à Freud, Zweig n'observe pas les êtres à la loupe. Il ne grossit ni ne diminue rien ; il observe. Mais comme il ne comprend pas, il cherche à découvrir. Tel un scaphandrier qui plongerait pour remonter à la surface les restes du naufrage. Zweig ne perçoit pas, à juste titre, qu'il possède un talent d'écrivain rare et neuf. Il se croit juste un honnête travailleur dont le seul talent consisterait à ne rien laisser au hasard. Comme Agatha Christie. Mais elle joue au jeu de l'oie : un pas en avant, dix cases en arrière. Tout le roman anglais est truffé de va-et-vient. C'est son charme, qui hypnotise comme un pendule qui va et qui vient, lui aussi. Et ainsi le lecteur ne se détache pas du livre. Avec Zweig, c'est le jeu d'échecs. Forces du mal, forces du bien. Noirs contre blancs. Sans savoir durant toute la partie qui est vraiment le bien, et qui figure le mal.

Lorsqu'il entreprend un nouvel ouvrage, tout est calculé à l'avance pour les personnages, parfaitement construits, aboutis, mais pas pour la narration. Zweig a besoin de se sentir exclu par ses héros pour libérer son art sans contrainte. Il n'est pas avec eux. Ils font ce qu'ils veulent. Lui est au-dessus, il les juge, les raconte, sans avoir à faire semblant de tenir compte des conseils des uns et des autres. Lui décide, pas eux.

Ce qui apparaît, c'est que Zweig, grand voyageur sans bagage, l'était aussi dans son œuvre. Dès le départ, il s'embarquait, prenant à son compte la valise du héros dont il ignorait le contenu réel. Qu'il se chargerait de découvrir avec le lecteur au fur et à mesure du livre. On ne porte pas une valise à deux. Et Zweig allait se révéler tout au long un magnifique porteur de valises. Zweig n'est jamais dépourvu de sens moral dans tout ce qu'il écrit. Malgré lui, tous ses héros sont immoraux et transgressent les lois de la société à un moment ou à un autre. Le vrai gouvernail de l'œuvre de Zweig, c'est la bascule. Au moment le plus imprévu, le récit penche d'un côté ou de l'autre et, inexorablement, ne parvient jamais à se redresser.

L'effet est hypnotique pour le lecteur. Zweig n'est pas un biographe, un poète, un dramaturge, un romancier, un nouvelliste, un correspondant. Il est tout cela à la fois. C'est sa survie. Écrire comme il respire, car rien n'apaisera sa soif de savoir ni son appétit d'écrire. L'une de ses qualités, qu'il manie avec une habileté redoutable, c'est sa facilité de jouer avec le temps. Il s'est repu de Shakespeare, et il a tout compris. Shakespeare tord le temps à merveille, utilise machinerie et spectres. Le texte même est lui aussi tordu avec génie, va et revient, s'étire ou se contracte. Le génie de Shakespeare, alors que le comédien parle vraiment en chair et en os devant nous, c'est que le maître nous entraîne au même instant à un tout autre moment. Soit du passé, soit vers l'avenir. Zweig a si bien saisi le système du maître élisabéthain qu'il n'y dérogera jamais. Entrecroisant passé et présent, avec virtuosité.

Voilà pourquoi Zweig et Shakespeare sont cinématographiques. Puisque le cinéma, c'est justement la maîtrise totale du temps ; c'est en faire, à volonté, ce que l'on souhaite ; en jeter des parties ; ou sauter d'une séquence du temps à une autre, avec pour conséquence la possibilité de porter des regards totalement différents, selon l'instant où l'on se place.

Le temps s'est soudain arrêté pour eux. La magie de Zweig, comme de tout grand écrivain, consiste à faire que le temps s'arrête aussi pour nous. Mais Zweig emploie une méthode inédite. Jusqu'au bout du récit, nous allons vivre, respirer, souffrir, aimer à la même allure que celle du héros, liés à lui, nous détachant de tous les autres personnages du livre. Nous, lecteurs, sommes persuadés – Zweig arrive à nous le faire croire – qu'aucun autre personnage ne voit le héros comme nous le voyons. Personne ne le comprend comme nous le comprenons. Personne ne l'aime comme nous l'aimons. Voilà ce qui est si réussi chez Zweig.

Zweig nous flatte. En nous persuadant à la fin du livre, une fois refermé, que nous aurons donc été les seuls à saisir ce qu'aucun autre n'a su voir. Le sens de cette histoire. D'autres, depuis soixante-dix ans passés, ont essayé de mettre en pratique la mécanique si bien huilée de Zweig. Personne n'y est parvenu. Il laisse apparaître aussi une autre singularité dont beaucoup s'inspireront. Tendre à écrire des romans où il ne se passe rien, car rien ne se passe plus, à ses yeux, dans son existence. Et ce rien l'amène à bâtir une foisonnante richesse intérieure, dont il se nourrit pour écrire.

Tout amour est une mort annoncée. Zweig le prouve assez dans son œuvre si fouillée à propos du sentiment amoureux, puisque tout, ou presque, tourne autour de l'amour. Il connaît depuis ses premiers émois la réalité de la relation amoureuse. Du cœur au sexe. Elle descend toujours de l'un à l'autre, mais ne remonte jamais de l'autre à l'un, du sexe au cœur. La finalité de l'amour, c'est la mort. Zweig, dans toute son œuvre, traquera des héroïnes coupables, dont les besoins sexuels se trouveront sublimés par la faute, donc par la peur. Elles aiment, parfaitement conscientes du prix qu'il va falloir payer, pour avoir osé vivre pas seulement *un* amour, mais pour avoir vécu *l'*amour. Persuadées qu'elles le rencontraient, cette fois, à une hauteur insoupçonnée, qu'il se présentait une fois et ne se représenterait jamais plus, si elles ne savaient pas le saisir.

Zweig est un cas tout à fait unique en son genre dans le monde si clos sur lui-même qu'est la littérature. Sa vie est, en soi, une table des matières. Il est allé partout, ou presque. Qu'on y songe : Vienne, Berlin, Paris, Bruxelles, Italie, île de Bréhat en Bretagne, Espagne, Afrique du Nord, Londres, Ceylan, Madras, Agra, Calcutta, Bénarès, Rangoon,

Indochine, États-Unis, New York, Philadelphie, Antilles, Cuba, Jamaïque, Porto Rico, Galicie, Salzbourg, France, Marseille, URSS, Hollande, Antibes, les Baléares, Suisse, Brésil, Rio de Janeiro, Portugal, Ossining, Petrópolis, Barbacena. Il ne manque qu'une seule destination qu'il n'atteignit qu'une fois mort : lui-même.

Certes, il y a toutes sortes d'écrivains.

Ceux debout, immobiles, qui observent, comme des poteaux indicateurs montrant aux lecteurs la direction à prendre pour suivre leurs personnages. Ils ont la malice aussi de nous entraîner sur de fausses pistes, nous obligeant à emprunter l'itinéraire de déviation. Ne serait-ce que pour nous éloigner quelque temps du héros. Pour lui conférer encore davantage de force lorsque nous le retrouverons.

Il y a ensuite les écrivains assis ou couchés. Ceux qui se posent. Et tout est en eux. Rien ne leur échappe, car rien ne s'en échappe. Lire un livre, c'est lire en eux. Ils sont la plupart du temps d'insupportables cabots, mais leur génie manipule tout avec tant de talent que l'on ne peut que saluer la performance.

Et enfin, la troisième catégorie d'écrivains regroupe ceux qui marchent, qui ont le talent de cheminer à côté de leurs personnages, de les précéder quand il le faut, pour nous en dire plus que le personnage ne sait de lui, ou qui acceptent de le suivre pour le laisser lui-même s'expliquer librement sans le recours de son créateur. Ces écrivains-là obligent le lecteur à marcher aussi vite qu'eux. À leur côté et du début du livre à la fin. Le rythme est haletant et soutenu, puis s'emballe jusqu'au dénouement fatal.

Hugo et Tolstoï, debout, sont nos guides. Proust et Céline, couchés, sont nos monstres. Camus et Zweig, marcheurs infatigables, sont nos miroirs.

Les œuvres des debout vieillissent vite, car le monde change et leurs routes n'existent plus. La vitesse de compréhension les dépasse. Mais tout en restant figées, elles sont sculptées dans le marbre et deviennent les véritables monuments de la littérature. Oui, Victor et Léon, Hugo et Tolstoï, sont à visiter et revisiter à l'infini.

Les couchés sont à leur place, d'où ils trônent pour l'éternité. Ces statues n'ont pas fini d'être admirées pour ce qu'elles sont : les témoins d'un siècle, d'une époque. Qu'ils ont magnifié en illuminant, comme des phares, chaque recoin de son labyrinthe qu'ils gardent à jamais. On ne peut plus parler du xxe siècle sans évoquer Proust et Céline. Comme pour le xviiie Voltaire et Rousseau, Racine et Corneille au xviie.

Mais ce qui conclut ce bref raisonnement, c'est la jeunesse éternelle et la fraîcheur bienfaisante des marcheurs. Eux, nous les avons suivis, malgré nous, comme tous les millions d'autres lecteurs. Nous nous sommes surpris à les aimer, bien sûr. Au point de nous étonner de découvrir tant de choses que nous pensions sans les avoir formulées aussi clairement. Avec les mots les plus justes pour exprimer tout haut ce que nous sentions en nous. Mais pas au point, non plus, d'affirmer qu'avec eux, à côté d'eux, nous avions affaire à des génies. De grands écrivains, certes, mais pas plus. Puis a commencé la révélation. Est-ce nous qui y revenions, ou eux qui ne nous quittaient plus ?

Nous avions beau marcher à notre rythme, ils semblaient s'en accommoder. Et ne nous lâchaient pas. Camus et Zweig faisaient désormais partie de notre vie, de notre famille, de nos proches. Nous nous sommes tous sentis obligés de parcourir leur œuvre, de les connaître davantage. Plus ils nous devenaient familiers, plus nous découvrions en nous-mêmes ces zones jamais défrichées en notre âme, où nous nous étions pourtant égarés, nous aussi.

Pour Zweig et Simenon, il ne s'est jamais agi de littérature ni de jouer à l'écrivain. Il est question pour l'Autrichien et le Belge, comme pour le Français Marcel Aymé, de devenir un dieu qui crée son propre monde, avec ses propres règles. Et pour y parvenir, des centaines d'œuvres pour chacun des trois. Romans, nouvelles, pièces de théâtre, films, correspondances, écrits : tout sera bon pour que des millions de lecteurs pénètrent dans leur monde à part, et sans préliminaires. Car ils ne s'adressent pas à ce public prétentieux et ridicule qui n'accepte dans son sérail que ceux qui lui ressemblent : n'ayant rien à dire, juste bien cadrés, acceptant des codes de bonne conduite d'une caste à part. De précieux ridicules, qui font de la littérature de salon, comme d'autres de la fausse grande cuisine ou de la haute couture usurpée, réservées à une clientèle choisie, snobinarde, qui a les moyens de se les offrir.

Ce sont les autres, les huppés, les grands talents légitimes, qui peuvent se lever de table quand ils le veulent. Et les lecteurs restent sur leur faim. Mais les lecteurs de Zweig, Camus et Aymé se nourrissent de leurs œuvres. Ils les dévorent parce qu'elles leur ouvrent l'appétit de vivre. Parce que les livres ont de la chair. Parce qu'on y parle comme chez Molière. La langue des gens comme vous et moi, qui porte haut le verbe, dans laquelle les adjectifs ont du cuir, et les verbes de la consistance. Là où la phrase s'est dépouillée du quant-à-soi. Et si ces trois-là, Aymé, Zweig et Simenon, s'emportent quelquefois à pondre de longs morceaux, s'ils vont jusqu'à tailler une bavette, c'est parce qu'ils se refusent à saucer leur style, à sucrer leurs propos. À dénaturer leur écriture droite et pas tordue. Simple et pas crispée. Le Belge, le Français et l'Autrichien sont de la génération des tranchées, et leurs romans le sont aussi, tranchés. Tranches de vie âpres. Mais qui suent, qui dégradent, qui griffent, qui mordent, qui choquent, et qui forcent à réagir.

Ça saigne souvent chez Georges, ça gueule aussi. Alors que chez Marcel, ça vocifère et ça éructe. Chez Stefan, ça hurle de désespoir, parce que c'est criant de vérité. Ça blesse aussi, ça étreint, ça étouffe. Et ça tue chez tous les trois, comme une rédemption, parfois.

On règle ses comptes dans le feutré chez Simenon : le mal est patient, il attend son heure. Et tout est vain et sale. Planqué dans l'ombre de la jalousie maladive et des refoulements dissimulés. On ne regrette jamais son dernier geste criminel. On regrette de ne pas l'avoir commis plus tôt, ou d'une manière moins dégradante. Tout est amer pour le Belge. Tout est poivre et moutarde chez le Français. Ah ! la vache, ça emporte la gueule le Marcel pur jus ! Il nous rentre dans le lard. Il fait passer Prévert, et Audiard, et Jeanson, pour des premiers de la classe. Pour des communiants bien élevés. Il a une gueule, Aymé, et tout en a chez lui ; gueule cloche ou face de naze. Son texte part en fripes et en nippes, c'est du tord-boyaux ! Il constipe le cerveau. Il martèle, il broie, il déchire, il crache et il insulte. On en bave dans tous les sens avec lui, brut de coffrage. C'est grandiose dans l'excès, c'est écœurant et dégueulant. Avec un côté Cyrano de Montmartre. Zweig freine là où Aymé accélère et où Simenon s'écarte. Aymé prend son sujet au corps. Zweig au cœur. Simenon est convulsif, ses héros paniquent et le drame éclate. C'est lui, Simenon, qui s'est laissé prendre par son sujet. Le drame.

Personne ne se révélera innocent. Zweig est impulsif, il éclipse le héros et n'en fait qu'à sa tête. Il extravague quand Aymé divague. Le Français a besoin de foncer à mort, comme s'il venait de sortir de la tranchée et courait à l'improviste. Aymé fait ce qu'il peut. Enragé pour sauver sa peau d'auteur. Le Français désobéit aux ordres. L'Autrichien, lui, se plie au bon ordre de sa construction. Il y a du tailleur juif, atavisme de famille, chez lui. Il tisse le cadre. Et sur le patron du récit, il noue l'intrigue. Zweig, araignée suspendue au fil du roman, fait du sur mesure.

Zweig, Camus, Aymé et Simenon sont d'évidence très dissemblables. Le Viennois, le pied-noir oranais, le Montmartrois, le Liégeois ont pourtant un point commun qui les unit. Leur indifférence. Ils ne sont pas seulement différents des autres. Ils ont tous quatre admirablement résisté aux mascarades de conseils, aux jalousies éhontées, aux trahisons inattendues, à la mode et aux donneurs de leçons. Écrivains de bas niveau. Ils ne se sont jamais laissé influencer. N'ont jamais dévié de leur univers. Ni de leur savoir-faire.

D'où naissait l'idée du livre, de la biographie, de la nouvelle ou du poème ? Chez Zweig, de tout autre chose qu'une idée, justement. Les bonnes idées, il s'en méfiait. Elles ne mènent à rien d'autre qu'elles-mêmes. Ce qui l'intriguait, c'était l'idée à part. L'idée en tête, Zweig va chercher à découvrir quel héros pourrait entrer dans un tel conflit avec celle-ci que sa vie s'en trouverait bouleversée et, surtout, que ce conflit aurait tant de conséquences qu'un roman entier n'y suffirait pas. Avec Zweig, il en reste toujours dans la casserole. Et en plus, il nous a resservis plusieurs fois.

Où a-t-il puisé sa connaissance si précieuse de l'âme féminine ? Simenon et Maupassant ont multiplié les rencontres horizontales et verticales avec les femmes. Tarifées ou non. Zweig aussi a payé pour jouir.

À quoi bon jeter les yeux dans un livre où à aucun moment nous ne parviendrons à caler notre propre respiration sur la sienne ? Qu'est-ce que l'amour, sinon respirer l'autre ? L'embrasser, n'est-ce pas s'emplir les poumons de l'air même de son âme ? Qu'est-ce que l'amour du monde si ce n'est respirer la nature ? Zweig a pensé que son époque était devenue irrespirable pour lui, pour continuer d'y vivre. Son œuvre est si complète qu'elle ne risque pas de se fissurer avec le temps. Tout tient parce que tout se tient.

Les écrivains ne sont pas tous des peintres. En tout cas, Zweig ne l'est pas. Il n'a pas la patience d'attendre que les couleurs sèchent : c'est un maçon qui s'y reprend à plusieurs fois.

Pour Tolstoï, Anna Karénine souffre tant qu'elle finit par se suicider. *A contrario*, l'héroïne, chez Zweig, privilégie sa souffrance. Elle en jouit et ne peut plus s'en passer. Comme d'une drogue. Zweig a vu des femmes dans ses bras parvenir à la jouissance par une souffrance intenable qui hissait leur degré de plaisir au niveau d'une délivrance.

Les héros de Zweig sont à son image. Faibles. Extrêmement influençables. Plutôt équilibrés extérieurement, mais prêts à s'abandonner au pire à la moindre fêlure. Des gens normaux auxquels rien n'aurait dû arriver. D'emblée, leur discrétion masque un volcan intérieur. Des héros cristal.

Lors de sa traversée de l'horreur de la Première Guerre mondiale, Zweig a saisi, on l'a compris, que l'homme est fou. L'éducation lui sert à ligoter ses zones de folie, puisque celle-ci peut prendre toutes sortes de formes. Zweig comprend qu'il y a des nœuds mal faits. Trop serrés. Pour s'en libérer, l'individu les desserre. Il finit par devenir le jouet de cette folie. Quelle que soit sa spécificité, elle obéit à trois forces : la peur, la colère, la fuite. La peur pousse le fou à se retrouver dans un ailleurs pour y échapper. Chez Zweig, il prend la forme enveloppante, protectrice, du silence.

La première arme efficace contre la folie, pour la désamorcer, c'est le rire. Zweig n'est pas à l'aise avec le rire. Alors qu'il se montre un virtuose avec la deuxième arme : les larmes. Alors a lieu la confrontation suscitée avec le fou ; celle avec le lecteur, auquel le fou va avouer sans aucune pudeur les méandres de sa vie.

Zweig part du principe que chaque roman pour le héros est comme un voyage en ascenseur. Le héros y entre, avec ou sans sa valise. Les grilles de l'appareil se referment. Et ne s'ouvriront plus. S'il y a une valise, il va tout faire pour connaître ce qu'il y a dedans. S'il n'y en a pas, il va s'en inventer une, contenant ses obsessions angoissantes. L'ascenseur ne cessera de monter les étages de sa folie ou de les redescendre jusque dans les sous-sols dévastateurs.

La lumière, ce sont les phrases droites, toujours nettes, limpides, aisées à lire, qui facilitent une compréhension immédiate, obligeant le lecteur à ne pas en perdre une miette. Chacune de ces phrases contient la dualité effet et cause. La cause de la folie et ses effets dans un cas particulier que Zweig, par héros interposé, vient de suggérer au lecteur attentif.

L'obscurité, c'est quand Zweig impose le silence. Le héros ne révèle plus rien. Il s'ensuit, dans la narration, des séries de dialogues répétitifs qui ressemblent furieusement à ceux de la vie réelle.

Zweig ne traite pas de l'essentiel en amour. L'essentiel est pour une grande part sexuel. Il en fait pratiquement totalement l'impasse. Pour n'employer que la suggestion. Et l'évoque comme un passage obligé. Mais sans véritable influence aux yeux du héros. Ce qui est bien évidemment mensonger.

Freud en a fait son fonds de commerce, pourrait-on écrire péjorativement, mais c'est un fait. Zweig, alors qu'il s'en est particulièrement préoccupé dans sa vie, ne veut pas se laisser entraîner par le sujet, si brûlant… Car il serait obligé de puiser aussi dans ses expériences personnelles de quoi alimenter le feu qu'il déclencherait. Alors Zweig a une idée fulgurante qui va influencer toute une génération d'écrivains. Au lieu de *traiter* de l'essentiel, le sexe, il va *aller* à l'essentiel !

Ces moments que nous n'arrivons pas, dans la vie, à goûter, à analyser, à décortiquer, à déguster, à redécouvrir, car l'état amoureux nous fait perdre la réalité des êtres et des choses. Ce chemin passionnant d'une âme à une autre est pourtant ce qu'il y a de plus beau dans l'histoire humaine.

Celui qui conduit puis unit un père et sa fille. Un fils et sa mère. Un chien et son maître. La nature et l'homme. Tel recoin perdu d'une forêt et l'errant qui s'y retrouve et s'y reconnaît. Vaste et libre comme ciel et arbre. Ce chemin que la vie nous offre de parcourir si peu de fois, et que nous n'avons plus la force un jour de recommencer.

Lire Zweig, c'est arpenter ces chemins d'amour. Et y superposer les nôtres. Y reconnaître nos propres erreurs. Y revivre nos bonheurs les plus intenses. C'est comprendre, au gré d'une phrase jetée en pâture à l'ogre lecteur, que nous avons, nous aussi, comme le héros, joué notre vie sur un coup de dés, et gagné si rarement, et trop souvent perdu, au traître jeu du hasard de la vie.

Zweig, si prodigue en décryptages des liens affectifs partagés par un couple, bêche son propre texte une fois écrit pour y traquer la taupe. Celle qui parcourt le tapis de mots en sous-texte, et qui creuse, au fur et à mesure, sa galerie secrète, attendant le moment fatal de faire tout disparaître dans l'écroulement du terrain d'amour que l'héroïne avait cru éternel. Cette taupe, Stefan Zweig l'a vue apparaître toute sa vie. Et comme Dickens ou Tolstoï, ou Zola, il sait que dans sa propre vie, elle est présente aussi, et lui ronge l'âme. L'usure de l'amour, la fatalité du couple, le poison d'amour. Il se manifeste sous différents visages. La jalousie, l'ennui, l'argent, la religion, les racines ; la poisse de l'un, les dérives sexuelles de l'autre. Avec un trait commun à tous les héros zweiguiens : le tunnel, dont ils ne sortiront jamais.

Comme un feu d'artifice qu'il déclencherait au moment opportun, il illumine le récit des feux de la passion. De véritables bouquets de phrases colorées. De mots de tendresse. De jaillissements de sensualité. Le tout avec un raffinement du style qui séduit constamment le lecteur. Zweig nous fait aussi renifler, bien avant qu'ils ne se produisent, les mauvais coups. Zweig nous fait sentir l'odeur de la trahison, qui pue pareillement. Rien ne reste en apparence chez Zweig. Il déteste les sous-entendus. Le flou l'horripile. Car le flou politique l'a exaspéré, et finalement, il est à ces yeux le premier responsable de l'écroulement du monde ancien. Ce revirement de Verhaeren qui s'enflamma à la déclaration de guerre, abandonnant ses oripeaux de pacifiste pour oser des diatribes nationalistes guerrières, lui en a assez appris sur le noyau dur du moi, propre à chaque être, qui ne se dévoile qu'une fois l'écorce, la coquille d'âme, craquelée.

Zweig n'est pas un romancier comme Simenon l'est. Chez le Belge, c'est l'histoire qu'il raconte, en la romançant à souhait. Cette histoire a les personnages dans ses poches. Mais elle nous les sert quand elle seule le juge bon, et elle a toujours le dernier mot. Elle nous mène en bateau. Nous éloigne du sujet pour mieux provoquer notre attention. Elle tisse une véritable intimité avec nous.

Zweig ne s'intéresse pas à l'histoire. Elle n'est qu'un prétexte qui tient en deux lignes ; elle est droite. Ce n'est plus l'histoire qu'il raconte, c'est l'histoire qu'il se raconte. Zweig, comme un cavalier émérite, tient la bride de la narration, et l'éperonne quand il le veut. Il y a des mots gouttes de sang qui choquent. L'œuvre de Zweig a des phrases cicatrices. Elle cherche à blesser, et elle y parvient.

On a prétendu que Zweig n'a jamais effleuré, comme ses confrères ont su le faire avec tant d'aisance et de réussite, le moi chez ses héros. Zweig est bien, au contraire, un explorateur, ou plutôt un archéologue du sentiment. Pas un archéologue du moi, mais de l'autre. Ce sont les traces de l'autre qu'il tente de découvrir chez le héros. C'est le secret de l'énigme Stefan Zweig : il décape le temps.

Il va jusqu'à la couche souterraine qui, lorsqu'elle apparaît à nu, révèle l'absurdité d'une vie sans souffrance ! C'est lorsque la peau du quotidien a été arrachée, lambeaux à terre au fil des pages,

à coups de virgules ou de points d'exclamation,
que Zweig est prodigieux. Les héros qu'il enfante
sont tous des monstres : ils osent, nous pas. Lire
Zweig, c'est objectivement faire l'effort de ne pas
relâcher son attention afin de n'en pas perdre une
miette. C'est s'imprégner d'une atmosphère feutrée
qui renferme tant de secrets inavouables. L'amour
et la haine ne sont qu'une seule et unique chose.
Oui, la haine est l'ombre de l'amour ; l'un ne va
pas sans l'autre.

Nous qui sommes nés de l'amour, nous sommes
aussi des monstres. Capables d'aveuglement bestial
pour commettre les crimes les plus répugnants.

9

Les maîtres du jeu

À VRAI dire, Zweig ne conduit pas sa vie, il la digère plus qu'il ne la dirige. Les indécisions succèdent aux faits, son texte est en mouvement : rien n'est posé ni définitif. Lui aussi doit être en mouvement. Zweig a toujours un temps de retard. Il a besoin de ce temps de digestion des choses pour en analyser les causes et en prévoir les effets. Le lecteur-lièvre en profite, pendant ce temps-là, pour aller plus loin que Zweig-tortue. Et construire une relation privilégiée avec le héros. Il sait tout de lui, ou presque. Et même davantage, car il prévoit ce qui attend le héros, et bien entendu, il se trompe.

Beyle a beau se poser ces questions sans réponse, « Qui suis-je ? Qu'ai-je été ? », il faudra un ou deux siècles pour en juger. Et enfin magnifier Stendhal. Beyle, pour que les temps futurs puissent y répondre, bourre les valises de son œuvre en tâchant d'y emporter l'essentiel pour le voyage vers l'éternité. Zweig, lui, est trop impatient pour attendre le jugement de la postérité. L'heure présente exige une reconnaissance immédiate. C'en est fini, et pour toujours, de sa jeunesse. Mais Vienne n'est pas Naples et Stefan n'est pas Octave.

Zweig a-t-il eu un tempérament de feu qui expliquerait son instabilité précoce : fuir de chez lui ? Ou était-il doté d'une fausse virilité qui l'amenait à se méfier des femmes ? Son œuvre est un véritable périple autour de son propre caractère. Et qui lui a appris à explorer celui des autres. Comme dans la réalité où des enfants naissent par mégarde, il a lui aussi son lot de personnages nés de son imagination par accident. Il n'éprouvera aucune hostilité envers eux. Zweig veut être simplement vrai.

L'émoi de ses propres sens ne s'éveille que lorsqu'il écrit. Il rêve d'un destin conforme aux désirs de son esprit, mais justement, Zweig a beau passer pour un esprit averti, il n'y a cependant rien de désabusé en lui.

Zweig a décrit un Stendhal bonapartiste et rigide qui entretiendrait le trouble de son cœur délicat en s'auto-analysant. Soit ! Mais que ne l'a-t-il pas fait pour lui-même ? Là où Stendhal, à en croire Zweig, aiguise ainsi son esprit, Zweig, lui, incendie son esprit, plongeant sa plume brûlante au cœur de ses héros par probité excessive.

La preuve ? Il écrit l'une de ses phrases les plus limpides à propos de Stendhal qui pourrait s'adresser aux lecteurs rares, sensibles et privilégiés désireux de saisir et de goûter son œuvre. Et non à la foule vulgaire, aux troupeaux grossiers des autres. Stendhal révélerait dans le miroir de ses œuvres les secrets de son âme. Zweig, lui, veut préserver son originalité ; il ne veut pas être infecté par les autres. Beyle hait Stendhal, alors que Zweig ne fait que s'adorer. Si Stendhal se caparaçonne des autres, c'est parce qu'il se sait en Henri Beyle. Et il a compris que Stendhal doit être inviolé. Docteur Beyle et Mister Stendhal.

Zweig n'est lui-même qu'avec les autres. Il ne se supportera jamais seul. Les héros de Zweig sont des êtres ratés, incomplets, inachevés ; des êtres ordinaires, simples. À première vue grossiers, désuets même, quelconques. Et l'art incomparable de Zweig, c'est de les placer dans une situation si désespérée, si inextricable, qu'ils en deviennent soudain sublimes, purifiés, grandioses, héroïques. Ce qui fascine Zweig chez Stendhal, c'est qu'il est réellement Beyle, cet officier, ce consul même que Zweig aurait dû être pour l'Autriche des années 1920. Et en se décrivant, subtilement croit-il, en Stendhal, il se pare ainsi lui-même des titres d'honneur du Français.

Zweig se rassure en affirmant que Stendhal n'a jamais mis une seule parcelle de sa propre substance dans ses fonctions officielles. C'est inexact. Ce n'est pas de sa propre substance que Stendhal tire son génie. C'est lorsqu'Henri Beyle s'oublie qu'il encre sa plume. Lorsqu'il n'est pas lui, mais l'autre. Celui qui n'a de compte à rendre à personne et ose, comme ce fut le cas pour Racine, se détacher du

vulgaire. Celui qui repousse avec véhémence l'idée
d'abandon pour creuser jusqu'à la substantifique
moelle de l'âme humaine. Cet infini de bestialité
et de tendresse, de rage et d'amour.

Zweig ne laisse jamais courir sa plume. Il tient les
rênes de la pensée. La phrase galope toujours, elle
ne trotte que rarement. C'est vrai lorsqu'elle se veut
descriptive et se soumet à la respiration nécessaire
avant de sauter l'obstacle d'un nouveau chapitre.
L'humour est absent car l'émotion du récit réclame
trop d'impétuosité pour lui laisser sa place naturelle.

Il nous est donné d'observer en Zweig un Faust qui
n'admettra jamais la vieillesse. Il est aussi son propre
Méphistophélès, car chaque œuvre le rapproche de la
fin prétendue. Il n'essaie pas d'écrire, de narrer, de
raconter. Il réussit à révéler. C'est plus inattendu et
plus crédible. On n'ose le contredire, il nous prend de
court, il s'égare. Tel un grand vin, l'œuvre s'améliore
avec l'âge. Plus son œuvre s'éloigne de Stendhal,
plus elle grandit et se révèle incomparable. Zweig se
voit en Beyle, replié sur lui-même, puisant en sa vie
intérieure inviolée, assure-t-il, un vécu purificateur
qui nourrit toute l'œuvre. Mais si Stendhal a une
vision de son époque, Zweig est un visionnaire de
la sienne.

Zweig a cette phrase qui pourrait être le secret de
toute sa vie : « Plus un être vit avec son temps, plus
il meurt avec lui. » En précisant qu'au contraire,
plus cet être ne vit qu'en lui-même, plus il laissera
de lui à la postérité. Ce qui rejoint la philosophie

de Stendhal celui de la forme. Sur la forme, Zweig touche à une maîtrise totale de la dissection des impulsions des sens. Il n'analyse pas le sentiment amoureux. Il ne cherche même pas à l'expliquer, juste à le comprendre : comment en est-on arrivé là ? Et où cela va-t-il mener l'héroïne ? Il fractionne les étapes amoureuses se fondant sur l'incomparable illogisme de l'amour : rien ne peut se passer comme prévu ! Les héros n'auraient jamais dû se rencontrer, et tout est fait pour les séparer. Par saccades, il laisse s'infiltrer le poison de l'entourage : la jalousie maladive pour les uns, la haine de la beauté pour les autres.

L'amour est un combat ; c'est aussi une partie d'échecs. Dès le départ, l'un des deux doit vaincre l'autre, l'un des deux doit souffrir. À tour de rôle. Au cours du jeu, bien sûr ; mais même si les combinaisons sont multiples à l'infini, au bout du compte, celui des deux qui l'emporte dans cet amour est mat. C'est celui qui accepte le sacrifice de la souffrance. Il n'y a pas d'amour heureux chez Zweig.

Il y a bien sûr un peu de tout dans son style. Il est particulièrement aisé à décrypter dans les biographies, qu'il signe d'un style répétitif dans la forme. Il mêle habilement les éléments d'une recette réussie. Dix lignes d'informations historiques, comme une arrivée d'ascenseur à l'étage supérieur, le lecteur parcourant la vie du sujet en s'élevant dans sa connaissance. Puis sortie de la cage d'ascenseur, par ouverture de la grille des faits révélés par Zweig lui-même. Une dizaine de réflexions sur cet étage-là de la vie du héros. Zweig ne s'étale pas en jugements fumeux comme d'autres biographes. Son talent est plus fort : il étonne, il touche, il émeut.

Contrairement à d'autres écrivains qui croient bon de régler leurs comptes avec les femmes par personnages interposés, Zweig, lui, a un compte à régler, mais avec *la* femme.

Celle qu'il ne cesse de peindre, de décrire, de faire souffrir et d'aimer à travers chaque nouvelle héroïne qui n'est que la même, travestie. Zweig s'imagine que toutes les femmes n'en sont qu'une, qui les incarne toutes, au gré des œuvres. Zweig sait rester viril dans le jugement qu'il porte. Aussi cruel qu'adorateur. Mais plein de franchise, car il s'abandonne à l'attrait de la séduction et, par sa narration, ne cherche pas seulement à séduire le lecteur, mais le personnage lui-même, qu'il va jusqu'à flatter pour qu'il obéisse. Zweig, une fois de plus, possède la maîtrise qu'il faut pour anticiper les réactions sentimentales de son héroïne, et offre ainsi au lecteur la jouissance de voir ses prédictions se réaliser avant qu'elle entreprenne quoi que ce soit, dans l'inextricable confusion amoureuse.

Zweig a retenu que chez une femme se concentrent deux tourments. D'une part, une passion engourdie par l'usure d'un quotidien bourgeois obéissant aux règles contraignantes d'une société hypocrite. D'autre part, une clairvoyance tragique qui mène au constat d'une vie gâchée, terne et répétitive.

Alors l'apparition soudaine d'un homme, immédiatement qualifiable d'attirant et de dangereux, l'un n'allant pas sans l'autre, se révèle la clé d'un verrou contraignant que Zweig se porte garant de faire sauter. L'art de Zweig est aussi de savoir si bien utiliser dans le récit le retour en arrière – à la manière du *flash-back* chez Orson Welles – qu'il prend immédiatement une force révélatrice. Puisque c'est rechercher par un retour dans le temps ce qui n'a pu qu'être important, décisif. Sinon, pourquoi s'obliger à y revenir ? Zweig, sans emphase, impose au lecteur le *downback*, cette soudaine chute de l'ascenseur qui, câbles coupés, redescend jusqu'au sol. Dans un paragraphe hallucinatoire, angoissant, ou à l'inverse dans une surprenante ivresse, Zweig réussit à convaincre le lecteur que l'héroïne atteint enfin, en vivant cette dramatique chute, l'image exacte, la révélation absolue de ce qu'elle est vraiment. Elle n'était, depuis le début de l'œuvre, qu'un cœur qui sent plus qu'il ne parle, cédant aux vibrations de désir ou d'angoisse partagées par le lecteur.

Zweig se limite à une psychologie sentimentale aux dix doigts dont il se sert pour pianoter sur les pensées secrètes de ses héros ; main gauche, la jalousie, le mensonge, la trahison, la folie, la colère ; main droite, la tendresse, la générosité, la dignité, la passion, la joie. Et Zweig joue à deux mains, en virtuose, une partition sans fin : l'amour. De Marie Stuart à Montaigne, de Marie-Antoinette à Tolstoï, il rayonne spirituellement parce qu'il possède une perception immédiate des motivations de ces êtres d'exception. Il nous fait comprendre non seulement pourquoi ils sont devenus ces légendes, mais plus encore pourquoi ils n'auraient jamais dû le devenir. Alors il nous flatte et les rend familiers.

À chaque voyage biographique, s'il explore la vie du sujet, il se perd en route pour mieux diverger et aller à la découverte des terres inconnues de l'être en question. Il ne se contente pas d'atteindre les limites de la connaissance profonde que procure la traversée d'une vie, il revient au départ. Il retourne d'où il vient. Pur plaisir du plaisir, jouissance de l'instant goûté. Selon Zweig, c'est dans la platitude du réel et la simplicité des sentiments basiques que se trouve le sens exact de chacun de ces êtres d'exception : ils ne sont pas responsables, comme nous nous persuadons de ne pas l'être de notre propre vie.

Tout devient alors d'un raffinement de pensée exquis. Le vrai désir d'apprendre tout, à partir des petits riens, nous enchante. C'est le charme imprévu de Zweig : là où nous attendions un historique laborieux et pesant, des jugements péremptoires, des analyses obtuses, nous nous passionnons pour une gaieté jouissive dans le récit, un charme envahissant dans la subtilité du style, une clairvoyance saisissante dans le propos. Il ne dissèque pas les événements consécutifs d'une vie. Se refusant à nous servir un plat froid, il nous offre un festin. Il nous parle déjà du fond de la cuisine des choses. Il nous prévient de la composition des ingrédients d'une vie qu'il va nous servir à chaud. Il nous offre à goûter, à savourer, et nous donne à penser ; c'est sa grande force.

La femme, chez Zweig, se caractérise par sa faim d'amour permanente. Sans qu'elle le sache cependant, sans qu'elle le veuille aussi, son cœur se crispe. Zweig a toujours des inspirations soudaines qui, au scalpel, décortiquent les détresses du cœur féminin. Au fond, il a saisi que le pire état pour une femme, celui qui la tétanise, qui l'humilie, qui la remet sans cesse en question, qui l'abaisse et l'angoisse, c'est l'ennui. La femme est affamée, elle se contraint à se retenir de tout jusqu'au moment où l'ivresse la prend. Et où elle ne se contrôle plus. La jouissance de la chair n'est jamais autre chose qu'un plaisir partagé, une soumission acceptée à l'autre, mais jamais une fin en soi. L'héroïne de Zweig n'a pas choisi de se donner, mais de souffrir.

Zweig n'a jamais la moindre intention de choquer. Mû par une curiosité d'adolescent toujours présente, en quête systématique de sensations fortes. Ce que Zweig sait du cœur des femmes, il n'a pu l'apprendre que par son expérience vécue. L'ignorance du cœur féminin engendre toujours une âpreté chez l'homme qui ne pardonne rien à la femme, et surtout pas de l'aimer aveuglément. Zweig ne s'éloigne jamais de la sincérité. Sa science profonde de l'âme amoureuse trouve sa source dans ses lectures les plus secrètes. Freud, en premier lieu. Si la révélation foudroyante que le désir sexuel refoulé enclenche automatiquement des névroses aux conséquences tragiques apparaît indécente aux yeux de certains, elle interpelle Zweig qui, dès lors, va courageusement s'attacher à conforter le point de vue freudien.

L'affinité est évidente entre les vies de ces âmes perdues dont il peignit les portraits dans ses œuvres, plus que biographiques, « biotragiques », et la propre destinée de Zweig ! Il n'aura cessé d'évoquer leurs contradictions, enrichissantes parfois, mais finalement, les reflets qu'elles engendrèrent atteignirent Zweig. Il y avait quelque chose d'ascensionnel dans son rapport avec chaque héros et surtout chaque héroïne de son œuvre.

Zweig a le don de nous faire croire à son objectivité. Il n'est là que pour nous mettre en présence de l'héroïne. Une fois face à elle, à nous de nous débrouiller. Au fond, moins l'auteur en sait sur notre relation à l'héroïne, mieux le récit s'en portera, allant ainsi à l'essentiel. Rien n'est flottant ni superficiel. Tout reste tangible et objectif. L'impétuosité du rythme va au-delà des contraintes de la narration. Il ne s'agit pas de tout dire, mais de donner envie au lecteur de tout lire. Zweig n'est jamais pris en défaut. Il étreint l'âme du lecteur pour qu'il se sente solidaire de l'héroïne. Il victimise le lecteur.

L'œuvre de Zweig est toujours des plus vivantes, et des plus honorées. Mais en cette fin des années 1930, de quelle influence peut-elle encore se réclamer ? Zweig n'en réalise plus lui-même le sens profond.

À quoi bon s'immerger en parcourant cet océan d'amour qui inonde l'âme ? Cette soif sans fin, jamais satisfaite, d'être aimé. Cet instant suprême d'abandon partagé.

À Vienne, Zweig parvenait à une profonde spiritualité en toutes choses. À Londres, il sent maintenant que son souffle est court. Son Balzac s'en ressent. Il ne le peint pas, il l'esquisse, à gros traits. Monte en Zweig une irrésistible crainte que son ennui maladif asphyxie désormais en son cœur toute envie d'écrire. Et qu'il soit devenu incapable de mordre l'âme de son héros pour en sortir l'un de ses cris qui transfigure son œuvre. Zweig croyait être lui-même un être d'exception à mille facettes, un Diderot autrichien, une lumière viennoise qui enrichissait le monde. Il manque désormais des pièces au puzzle Zweig. Elles ont brûlé à Vienne. Il en reste encore à Londres, mais il ne les a pas retournées. Le courage d'agir notamment lui manque.

Certes, la fragilité d'âme de Zweig lui permet sans difficulté d'écrire toujours avec une délicatesse et une élégance rares, d'atteindre une profondeur insoupçonnée, même avec Balzac. La machine se remet en route. Zweig est possédé par une seule idée : vivre ce qu'il écrit. Réellement, obstinément. Il cherche, comme un démon de vérité, à se mettre dans la peau de son héros pour décrire non pas ce qu'il fait, mais pourquoi il le fait, et surtout comment il n'y parvient pas.

Zweig va se révéler une fois de plus un écrivain irrésistible. Il touche au tréfonds de la détresse en ouvrant une sorte de débat entre le lecteur et l'auteur, où chacun, campant sur ses positions, porte des jugements différents sur Balzac. Il force ainsi le lecteur à prendre parti. De là à ce qu'il ne puisse plus se détacher de sa lecture, il n'y a qu'un pas, qu'il franchit pour se donner la possibilité de vérifier lequel des deux, l'auteur Zweig ou lui le lecteur, avait raison !

Il y a du fanatisme primaire chez Zweig, parce qu'au-delà d'une farouche volonté de bâtir une œuvre qui est toute sa vie à ses yeux, il croit acquérir une haute réputation. Il use dans ses biographies d'une écriture débridée qui assène, avec une précision indiscutable, des faits anodins, auxquels il prête avec talent une importance capitale. Il suscite ainsi l'intérêt du lecteur, surpris et conquis. Et soudain, avec une habileté remarquable, dans une tension haletante, il trace de son héros Honoré « de » Balzac un portrait d'une rare tendresse humaine, d'une authenticité bouleversante et d'une profondeur convaincante. Zweig éblouit le lecteur. C'est son éternelle jeunesse en tant qu'écrivain. Pas un écrivain français n'aura été capable de rendre à ce point Balzac vivant et réel.

Zweig ne prétend pas nous faire connaître toute la vérité sur Balzac, ce qui à terme se révélerait plat ou insipide. Il fait mieux : il nous oblige à reconnaître sa vérité. Celle que Balzac lui-même s'obligeait à admettre. Ladite vérité sur un être est une question de goût, propre à chacun. Fabrice del Dongo, Gervaise, d'Artagnan ou Valjean décrits par Zweig nous auraient eux aussi livré leur vérité. Zweig nous aurait ainsi régalés copieusement s'il s'était attaché à nous révéler la vérité de Jésus, Shakespeare ou bien évidemment Hitler ou Napoléon. Zweig ne tâtonne jamais. Objectivement, avec une infaillible assurance, il décèle les moindres traits du caractère de Balzac avec une précision diabolique, non dénuée de cruauté. Seul Octave Mirbeau en évoquant la mort atroce de Balzac atteindra un tel sommet.

Zweig est toujours le même dans son exil britannique, capable de s'enflammer contre quiconque s'immiscerait dans son labeur épuisant. Parce que, au-delà de ce qu'il découvre de la vraie personnalité du sujet traité, Zweig met en jeu sa responsabilité d'artiste en avançant des thèses manifestement inédites, et à ses yeux révélatrices. Qui éclairent la face cachée la plus méprisable, parfois, de son héros. À cet égard, il touche au chef-d'œuvre avec Fouché !

Les biographies précédentes publiées par ses confrères seront déjà tombées en poussière que la sienne, enflammée et sensuelle, tiendra encore debout. Rivée à un succès qui ne se démentira pas.

Zweig repousse avec dédain le jugement des autres, parce qu'il est devenu malgré lui indifférent aux critiques. N'ayant aucun pressentiment instinctif dans son travail, il s'oblige à construire des plans d'écriture pour bâtir et ainsi élever son texte. Il va

s'accrocher aux moindres aspérités du sujet pour
une ascension vers le sommet de la compréhension
humaine, donc fragile et instable, de son héros.

Pour ses biographies, la lecture est sans cesse
réjouissante car truffée de réflexions personnelles.
Sa méthode raffinée, colorée de jolis traits d'esprits, est très séduisante. Tout lecteur est vaniteux lorsqu'il s'agit d'une biographie d'homme
ou de femme illustre, car il a sa propre opinion,
très difficile à faire évoluer au demeurant. Zweig
distingue ce que l'entourage du héros pense de
lui, qu'au début du récit d'ailleurs lui-même a
l'air de corroborer, puis brusquement il légitime
les révélations qu'il nous livre par des faits historiques sans discussion possible, d'une authenticité
qui capte l'imagination. En somme, Zweig a l'air
de changer d'avis. Comment le lecteur dont il se
joue n'en ferait-il pas autant ?

Si Zweig a semble-t-il érodé son caractère en tant
qu'homme, l'artiste maîtrise encore l'art subtil de
duper son lecteur avec une incomparable sponta-
néité d'écriture, agrémentée d'une fonction d'ana-
lyste toute naturelle qui augmente le récit d'une
distinction de pensée toujours claire et élégante
dans sa forme, qui touche l'âme et la fait fondre.
La crédulité des lecteurs est totale.

Il a définitivement éteint en lui cette flamme
ardente qui embrasait à Vienne son cœur de 20 ans.
Son talent, seul, lui a rendu l'existence facile. Et
son exigence d'artiste, comme une faim atroce

jamais satisfaite, l'a forcé à adopter en littérature une démarche d'une rigueur et d'une objectivité supérieures. Il tente de ne pas laisser une miette de côté, et, tout en restant prodigue, il écrit pour décrire, finement, avec l'assurance d'un Casanova, lequel a dû l'influencer malgré lui, lorsqu'il a dévoré puis évoqué sa vie de voyou magnifique. Zweig ne se perd jamais en sous-entendus ni en diversion. Il ne cherche pas à orner la vérité, au contraire. Il reste lucide malgré tout. Il poursuit maladivement sa création, comme un acharné, puisque ce sont les seuls moments où il parvient à s'oublier.

Plus que brillant biographe, Zweig se révèle alors de la manière la plus convaincante en écrivain de l'amour. En réussissant à élever sa science senti-mentale au niveau d'un art. Il accroît sa renom-mée parce qu'il défend à merveille l'idée moderne d'une femme sacrifiée certes, malheureuse au bout du compte, mais d'une indépendance de caractère surprenante. Tenace et jamais prise en défaut.

Chose étrange : Zweig, dans la vie, n'expose pas facilement ses sentiments Il dévie subtilement. Écrivain, sa force est de découvrir la vérité chez une femme grâce à sa connaissance innée de la simulation féminine, qu'il a rencontrée maintes fois dans son adolescence auprès de femmes mûres, redoutables manipulatrices. Si habiles dans le mensonge que Zweig n'arrivait plus à distinguer ce qui le séduisait le plus en elles : leur suprême aisance à manier le mensonge, ou leur besoin inné de réclamer une protection masculine irréfutable et rassurante, leur permettant de laisser échapper en privé leur véritable nature sexuelle ?

Ce n'est que lorsqu'il se mue en auteur que Zweig se sent en sécurité. Libre et prodigue, il fait alors preuve d'une absence absolue de préjugés. Nulle entrave ne l'arrête. Comme biographe, en revanche, Zweig ne déroge pas aux règles. Il redevient architecte. S'appuyant sur une construction du récit sans faille et magistrale.

Ce dont Zweig ne se rend pas compte, et qui va le perdre, c'est qu'avec Balzac, sa dernière victime, en buvant son sang d'encre, il s'empoisonne lui-même ! Honoré cherche à s'anéantir dans l'écriture, prêt à gâcher sa vie, à ruiner sa santé par son travail de titan. Ses nuits d'ardeur créatrice lui bouffent son existence, exténuant son corps qui enfle et va céder.

L'immense talent de Zweig – à l'image de Balzac – découle d'une authenticité de pensée qui crédibilise immédiatement son propos, sans même que le lecteur puisse, par réflexe, douter de l'opinion exposée. Du trait d'esprit qui fuse. De l'analyse approfondie qu'il expose soigneusement, comme une évidence, s'appuyant sur des références indiscutables. Zweig en prestidigitateur de génie, mystifie les plus sceptiques d'entre ses confrères. S'il ne sait pas à coup sûr ce qu'il dit, il sait comment le dire. Et, par-là, fait preuve d'un rare savoir-faire, qui le porte au sommet.

Merveilleux cuisinier, il mijote des chapitres entiers, qui se révèlent pleins de saveurs. Ils font goûter à cet incomparable parfum d'intelligence qui émane de sa cuisine biographique : la confidence. Voilà son ultime secret. Zweig met son lecteur dans la confidence. Il se sort du piège terriblement lassant de la biographie concrète et appliquée qui distingue d'ordinaire le su du perçu. Voilà ce que l'on sait, voilà ce qu'on en perçoit : comme si l'on exposait dans une vitrine les faits d'une vie. Zweig ne s'intéresse pas à la vitrine, comme les autres, mais à ce qu'il y manque. L'omission devient obsession de l'inavouable. Mais pas sexuel, textuel plutôt. Il jette les vies à pile ou face. Et ne revient jamais en arrière. C'est parce qu'il se prend au jeu qu'il en tire sa seule jouissance d'écrivain : se surprendre lui-même. Meilleure façon d'en faire autant avec le lecteur.

Zweig était d'apparence très soignée. Il ne se jugeait que dans le miroir, ne pouvant porter un regard objectif sur lui-même. De cette réflexion, Zweig déduisit que son devoir envers ses personnages consistait à décrire, non pas ce qu'ils voyaient d'eux-mêmes, eux aussi, dans leur miroir, mais justement ce que le miroir voyait vraiment d'eux. Ce miroir, c'est l'auteur. Et ce n'est pas le reflet qui l'intéresse ; c'est au contraire ce qui ne se reflète pas en lui, ce qui se cache derrière le rideau des conventions et des convenances. Zweig cherche à connaître la vraie respiration de l'être décrit, fouillé, revisité. Il saisit enfin sa respiration intime qui rythme les pensées secrètes du sujet. Dès lors, il passe de cette respiration partagée à l'inspiration engagée, qui motive chaque comportement objectif ou subjectif de son héros.

Faut-il restreindre les digressions pour faire ressortir les lignes décisives d'une personnalité ? Au contraire, ce sont dans les moments où l'être en question laisse échapper malgré lui des réactions irréfléchies que son vrai caractère apparaît plus clairement. Manifestement passionné. Zweig, qui a sans cesse besoin d'une force de caractère peu commune pour s'élever par la pensée et se permettre de porter un jugement sans faille sur des légendes, réussit l'impensable. L'écriture est pour Zweig une planche de salut. Elle devient sa rédemption. Lâche dans sa vie, il n'est que courage et audace en écrivant. Il se glisse par son seul instinct dans la peau de l'auteur, il n'est plus dès lors entravé par son académisme de bourgeois viennois : le Juif rebelle réapparaît à Londres. L'homme resurgit pour menacer l'écrivain qui a retrouvé un certain équilibre. L'homme veut reprendre la partie d'échecs. Relancer le défi. Mais il ne parvient plus à se construire un nouveau cercle de proches. L'écrivain seul s'intéresse encore aux êtres. Aucune question, aussi dérangeante, aussi oppressante soit-elle, ne reste sans réponse.

Tout stimule sa curiosité. Il peut aller jusqu'à haïr son sujet, tel Fouché, dont l'élasticité morale perverse et sans remords lui répugne, car il la reconnaît à coup sûr dans ses contemporains. À commencer par les dignitaires nazis. Mais Zweig se veut révélateur, dénonciateur, moraliste. Donc Fouché le fascine. Il s'exhorte lui-même à traquer la médiocrité d'âme, la ruse pernicieuse, la banalité même de ces êtres cafards. Zweig avance ses pions de nouveau ? Il attaque de nouvelles œuvres, tient à peaufiner son Balzac. Le monumental assemblage de documents, même incomplet à son goût, sur le sujet qu'il entend traiter lui semble comme une pâte à pétrir. Sans aucun contour net. Zweig n'a jamais autant de génie que lorsqu'il se distancie du sujet étudié. Il évite alors le lyrisme béat et fait preuve d'une cruauté dans le détail sans égal.

Il n'ignore pas qu'il y a du Fouché comme du Érasme en lui. Sans parler de Nietzsche, Freud ou Balzac. Il dévore leur vie comme si elles étaient la sienne. Avec une certaine fierté d'avoir à s'occuper d'eux légitimement sans délicatesse excessive. L'imagination tendue vers une compréhension inédite des réels motifs qui habitaient le sujet. Il a beau n'avoir aucune illusion sur Fouché, prédateur et traître, il ne cesse de le grandir. Car d'un cas particulier, il l'élève à l'exemplarité des bassesses humaines. Non pas celles d'un soupirant qui rêve du pouvoir, mais plutôt d'un esprit monstrueux, remarquable pervers, qui, par indignité, rapacité, cruauté même, tend sa vie comme un arc dans le seul dessein d'atteindre sa cible ignoble : le pouvoir sans partage.

À première vue, le portrait de Fouché est peu flatteur. Mais en fin de compte, Zweig, loin de l'accabler, arrive au contraire à flatter sa vanité. Car il nous persuade que rien chez Fouché n'est fait par indifférence. Ainsi il le rend humain par ses propres travers. L'amour-propre de Zweig relève, même s'il s'en défend, du même instinct de domination. C'est le point capital de l'œuvre de Zweig, ne l'omettons pas. Dominer son sujet. Dominer son style. En cela, son éducation n'est pas seulement disciplinée comme celle de tout Autrichien, dandy, snob ou pas, mais elle se forge depuis le départ sur une distinction innée. C'est plus qu'un écrivain. C'est un danseur de la pensée dont les mots glissent sur la page blanche comme les patins sur la glace.

10

Le maître du je

ZWEIG s'orienta vers trois maîtres : Balzac, Dickens, et Dostoïevski. Parce qu'il les regarde obstinément comme trois ratés, trois pourris, trois maudits, trois trahis. Trois joueurs accaparés par leur vice. Aveuglés par leurs erreurs. Désespérants de maladresses. N'échappant ni à la folie de l'argent, ni à la voracité du sexe, ni à l'aveuglement des flatteries. Qui eurent le privilège de s'arracher eux-mêmes les mauvaises herbes de leur âme. On doit même parler pour ces trois géants de trois forêts d'œuvre ! Zweig s'enivre, pendant de longues heures d'étude et d'écriture consacrées à Hölderlin, Kleist et Nietzsche. Comme trois génies pris au piège d'un prétendu combat contre le démon inté-rieur, lequel finalement l'emportera sur eux. Cette intimité, partagée durant des semaines avec ses trois autres monstres, hantés par la mort, égarés dans leurs ténèbres, voués à la fascination du mal, ne sera pas sans danger pour Zweig. Il restera de leur pourriture, de leur gangrène en Zweig.

Peu importe, pour Zweig, la destinée atroce qui était réservée à tous trois. Ils étaient parvenus jusqu'au bout de la route. Alors que, tirant leur talent du fourreau de leur esprit, les trois génies contraires, Tolstoï, Casanova et Stendhal, dévorèrent dans la lumière cette fois, la vie et non la mort. Ils illuminèrent davantage le monde en réussissant le tour de force de s'accomplir dans trois vies totalement contraires à celles qu'ils auraient dû vivre. Une vie de vérité pour Tolstoï. De mensonge pour Casanova. De rêve pour Stendhal. Le hasard se chargeant d'alterner échecs et succès qui les incitent à s'améliorer.

Comme pour se donner une ultime chance, Zweig décide de voyager de nouveau. Non plus en écrivant, mais en vivant. Le voyage en Amérique du Sud va être décisif. Zweig est reçu au Brésil comme une légende vivante. Et il tombe sous le charme fascinant de Rio de Janeiro. Pourquoi alors s'attaque-t-il à Magellan ? Que cherche-t-il à se prouver ? Puisque, comme à chaque biographie, au-delà des trésors de documents à réunir, c'est bien une partie de lui-même qu'il entend secrètement livrer au lecteur. Derrière l'archéologue qui entend bien découvrir la personnalité cachée du mythe, il y a l'écrivain qui veut, lui, assouvir son instinct de chercheur. Zweig n'entre pas dans la peau de Magellan, mais il veut affirmer qu'il entend, coûte que coûte, ne jamais le trahir, et réaliser ses rêves jusqu'au bout. Quitte, comme le héros portugais, à être trahi par les siens.

Mais ce que Zweig ne saisit pas, c'est que la vraie raison qui le rapproche si intimement de Magellan, c'est la fin si horrible, si stupide que lui aussi connaîtra. S'il ne fut pas bêtement massacré par des indigènes à coups de pierres, de lances, de lames d'une effrayante cruauté, comme Magellan, sa mort aurait dû être évitée tant elle fut médiocre.

Aucun projet, en fait, ne lui paraît séduisant. Il prend conscience que ce qu'il a entrepris sera peut-être sa dernière mission. Terminer son Balzac. Mais comment faire sans l'intégralité de ses sources ? Il s'est conduit avec une extrême élégance sa vie durant, sans jamais jouer au parvenu. Il s'inquiète de tout. Il a perdu son insouciance. L'écriture était une évasion, c'est désormais un bagne. Sa route a conduit Zweig à l'immortalité. À la richesse, certes, mais sans doute pas au bonheur. Il ne se ruait pas sur le travail, il fuyait le monde réel.

Grâce à la rare vigueur de sa vision, Zweig n'écrit que ce que perçoit son esprit. Son imagination probablement exubérante est sans cesse bridée. Jamais il ne s'abaissera à répondre aux humiliations, aux critiques, aux mesquineries des confrères jaloux et médiocres. Ce n'est pas tant d'être sali qui l'exaspère que de ne pas pouvoir répondre à ses détracteurs. Il entre alors en conflit avec lui-même. Zweig sent de plus en plus confusément que le temps presse. Il ne doit pas tarder plus longtemps à écrire le

chef-d'œuvre parfait qui l'attend : ce Balzac. Zweig,
sûr de son talent, ne doute pas d'y parvenir. L'œuvre
ne sera publiée que dix ans après sa mort.

La passion qui enivre et égare cette victime suffit
à paralyser en lui toute volonté de révolte. Balzac
est sous anesthésie. Et Zweig va pouvoir opérer.
Tout doit être renversant dans le récit. Pour éga-
rer le lecteur. Et le reprendre patiemment par la
main pour le ramener au sens même de l'œuvre.
De soudaines volte-face sont très suggestives.
Zweig ne manque aucune occasion de souligner le
mépris de l'homme pour les faiblesses sentimentales
féminines. L'amour est loin d'être un jeu innocent
pour Balzac. Il s'agit de s'offrir ou de prendre.
Certainement pas de partager. Il y a toujours, avec
une rapidité effrayante, un dominant et un dominé.
La femme quelle qu'elle soit, subtile toujours, saisit
plus vivement que Balzac l'état réel de leurs rap-
ports. Aucune passion n'est jamais simulée. Sous
couvert d'introspection, la franchise absolue est
de mise pour l'héroïne. Face à elle, si fragile en
fait et si à fleur de peau, Balzac est au contraire la
plupart du temps irrésolu, cédant à ses instincts les
plus bas, et à une perversité inattendue – Zweig
se reconnaît bien cette fois en Balzac. Aussi secret,
aussi rusé, aussi calculateur et passionnel que lui.

Tous deux se sont laissé porter par les nécessi-
tés de la vie, à commencer par la réussite sociale.
Mais seul Balzac a résolu comme un défi natu-
rel d'accepter tous les risques, à commencer par

le déshonneur pour vivre son unique bonheur : atteindre la gloire.

Du plus grand écrivain populaire français, Zweig reproduit, avec toute l'admiration qu'il lui porte, la cruauté diabolique. La plume va ouvrir le ventre de cette société parisienne, de cette comédie humaine tricolore qui est aussi vorace et terrifiante sous ses allures sensuelles et festives. Zweig réussit son pari fou. Mais il ne s'arrête pas là. En écrivant sur Balzac, il évoque les instants où dans une situation terrifiante, haï par les confrères et la critique, échouant partout malgré les faveurs du public, Balzac envisage sérieusement de fuir la France, et l'Europe même, pour... le Brésil. Zweig, qui se retrouve exactement dans la même dépression, la même rage, le même dégoût, sait que Balzac y a réfléchi en consultant tous les documents en sa possession sur ce pays merveilleux, mais aussi merveilleusement dangereux, et pas seulement ludique en raison de ses extravagances fantasques et festives.

Paradoxalement, la force de Zweig vient peut-être de sa lucidité, de sa rigidité, de sa froideur cachée, mais bien réelle. Car au fond de cet être se love une redoutable absence de compassion. Il n'en aura plus jamais pour lui ni pour les autres. Les horreurs qu'il a vues l'ont desséché à vie. Il décrit merveilleusement les sentiments troubles qu'il s'interdit lui-même d'éprouver. Il reste fidèle à ce qu'il y a de plus impudique chez lui : le voyeurisme à froid.

Il lui faut dans un premier temps recevoir l'infor-
mation. Puis, lorsqu'il songe utile de la libérer après
l'avoir examinée, il la rejette à la mer. Il tâche de
s'en nourrir pour laisser vagabonder son imagination au gré de son océan de mots. Zweig s'épuise.
Il n'a pas seulement dépassé la cinquantaine, il a
aussi dépassé les limites de sa résistance. Il se sent
vieillir, et l'écrivain vieilli se lasse de cette conti-
nuelle obsession de comprendre avant de juger. Il
refoule son instinct par peur émotive d'être floué.
Il nie posséder un quelconque don inné. Il ne se
reconnaît plus qu'en tailleur de texte. Et son œuvre
n'est à ses yeux que du cousu main écrit à partir
du tissu de sa pensée. Son âme seule lui échappe
quelquefois, car Zweig ne réussit pas à maîtriser ses
émotions. Alors cette âme tourmentée, et contrainte
en réalité, se dispense d'obéir à Zweig.

Avec Balzac comme avec Marie Stuart, Zweig
veut bâtir une œuvre sur l'évidence que tout ce
que lira le lecteur est au plus proche du réel. Par
vanité littéraire, il va bien se forcer à continuer
d'écrire. Plus que par besoin financier. S'il avait
voulu s'enrichir à tout prix, il lui eût été facile de
s'installer, comme d'autres, à Hollywood.

Il n'y avait rien d'indigne pourtant à s'y ins-
taller, comme Francis Scott Fitzgerald, Ernest
Hemingway, Somerset Maugham, Ben Hecht,
William Faulkner, Joseph L. Mankiewicz, John
Steinbeck, Max Ophüls, Carl Theodor Dreyer,
Charles Chaplin. Tous trahis. Mais qui laissent

aussi de grands chefs-d'œuvre *a posteriori*. Zweig avait tous les talents pour devenir l'un des plus grands scénaristes de tous les temps. La preuve : le nombre inouï d'adaptations à l'écran de ses œuvres de par le monde. Mais Zweig refuse de jouer le jeu : comment échapper à l'aigreur de la vengeance qui lui ronge maintenant l'âme ? Par son intelligence, miraculeusement intacte.

Ce qui est certain, c'est que Zweig ne se fit aucune illusion sur la tâche énorme qui l'attendait pour mener à bien une œuvre qui allait lui dévorer la vie. Pour ce Balzac, il écrit froidement et surtout clairement. Si lyrisme il y a, il est dans la pensée, pas dans les mots. Zweig entend bien continuer à œuvrer à sa tâche essentielle : construire une œuvre littéraire totalement à part des autres. Mais au lieu de refaire le monde, à l'abri, autour d'une piscine du Wilshire Boulevard avec Joan Crawford ou Bette Davis qui se crêperaient le chignon pour savoir à laquelle il offrirait le rôle-titre ; au lieu de s'enivrer avec Errol Flynn dans un bar de la frontière mexicaine, dans les bras d'une gosse de 15 ans au bout du rouleau ; au lieu de marcher pieds nus, bas de pantalon relevés, en roucoulant des mots d'amour, main dans la main, avec Gene Tierney sur la plage de Malibu… Stefan Zweig a fui, une fois de plus. Et il sent intensément que le Brésil sera peut-être le bout de la route.

À Hollywood, Zweig n'aurait pas su dissimuler habilement son mépris pour la vulgarité de certains magnats. Comment n'a-t-il pas compris que d'autres, en revanche, étaient dignes d'éloges tout de même ? Le prouve leur bonne volonté à engager le plus grand scénariste de tous les temps : William Shakespeare. Zweig mort, comme Shakespeare, rien n'empêchera Hollywood de le piller. Malgré lui, Zweig n'y pourra rien. Le cinéma s'emparera de ses œuvres. Mais cela eût été tellement plus fort, plus courageux, plus utile de le faire en 1930, en 1940 ! Comment ne pas accuser Zweig ? Et comment ne pas acclamer Chaplin qui, lui, a mené ce combat, notamment avec *Le Dictateur*, sa charge géniale contre le Führer. Qui empêchait Zweig d'écrire son *Führer* à lui ?

Zweig marche seul sur les trottoirs mouillés de Rio de Janeiro. Sans Charlotte, prise d'une crise d'asthme et restée dans la chambre. Zweig se décide, pour éviter la pluie menaçante, à s'installer dans l'arrière-salle ventilée d'un café brésilien. Et sirotant son mojito, il revoit sa vie. Comment en est-il arrivé là ?

Avant 1900, Zweig avait fait publier plus de deux cents poèmes. Il en avait jeté autant. Il brûlait d'égaler la jeunesse de Vienne dont le cercle magique se targuait des plus beaux fleurons : Arthur Schnitzler, écrivain à succès, dramaturge auréolé d'un avenir de Tchekhov autrichien. Hugo von Hofmannsthal, ciseleur de génie qui en serait le Byron poète. Rainer Maria Rilke, le Cocteau d'alors, acide et audacieux. Le format qu'il avait choisi alors en premier lieu serait la nouvelle. Pourquoi ne pas s'attaquer de front au roman ? Parce qu'il cherchait la perfection, qu'il ne saurait atteindre, croyait-il, dès le départ de sa carrière en s'attaquant à des Himalaya. Tolstoï. Hugo. Goethe. Dickens. Dostoïevski. Escalades improbables pour un cheval fou comme lui. Les étriers de sa pensée n'étaient pas encore assez solides, et sûrs, pour lui éviter la chute déshonorante dont il ne se remettrait jamais.

La nouvelle est plus putain pour lui. Elle se laisse alors séduire facilement. Il sait la mettre à nu sans fard et l'habiller ensuite avec une volupté caressante de flatteries au lecteur, de pensées convenues, et d'une séduisante guêpière de répliques audacieuses, tenue par des jarretelles de réflexions suaves ou érotiques. Des nouvelles succulentes, telles des viennoiseries littéraires à s'en lécher les babines.

Puis il s'attaque à la biographie. Celle sur Verlaine étant trop ambiguë, il se décide pour Dostoïevski. Zweig se passionne donc pour Dostoïevski parce qu'il le hait. Il représente tout ce qu'il se refuse à être. Et qu'il se sent intensément capable de devenir. Un joueur invétéré. Un coffre à dettes, percé et ouvert à tout va. Une ordure quelquefois même, capable de friser l'assassin de tsar. Un dé d'encre et de sang que la destinée jette au hasard. Va naître une œuvre d'une puissance inégalée sur le monstre Fiodor, parce que Zweig ne voit pas en lui un Dostoïevski, mais un Raskolnikov, qui emportera son secret dans la tombe.

Ses signatures rencontrèrent un public populaire ravi de trouver en Zweig un homme humble et ouvert, d'une qualité rare. Prêt à prendre de son temps pour partager un moment d'intimité avec ses lecteurs, sans *a priori*. Ses conférences, remarquables de compréhension, de fluidité, d'audace même, lui procurèrent cette joie intense d'être reçu comme un passeur offrant la bonne parole. Zweig vendit un million de livres en Allemagne. *Amok* fut son premier best-seller, si l'on pouvait dire cela en 1922 ! Tout s'était enchaîné très vite.

Autre succès : *Brûlant secret* qui, dès 1911, atteignit en fin de compte cent quarante mille exemplaires vendus. *La Confusion des sentiments*, en 1926, davantage : cent mille en un an ! *Les Heures étoilées de l'humanité*, cent cinquante mille. Un sommet des ventes dans le monde germanique. Biographies, nouvelles, romans, tout draine des millions de lecteurs. Il emporte l'adhésion de toutes les générations par cette trilogie : une pincée le plus souvent divertissante de faits historiques, des anecdotes inédites qui étonnent, un soupçon de tendresse humaine, rééquilibrant toujours les travers ou les jouissances immorales des protagonistes.

Zweig réussit parfaitement à servir de support au septième art, car, comme Maupassant ou Zola, comme Dickens ou Dostoïevski, comme Hugo ou Dumas, il n'écrit pas, il décrit. Il donne à voir. À ressentir. Le lecteur peut aisément se mettre dans la peau des héros et donc s'identifier à leur incarnation par les stars de l'écran. *Brûlant secret* (1923) de Robert Siodmak. *Amok* (1927) de Constantin Mardjanov. *La Peur* (1928) adaptée par Hans Steinhoff. *Lettre d'une inconnue* (1929). *Vingt-quatre heures de la vie d'une femme* (1931), où Joan Fontaine est oscarisée pour le film de Max Ophüls. Gaby Morlay, Ingrid Bergman, Merle Oberon, les stars sont folles de Zweig ! La force inouïe de Zweig réside dans sa corbeille. D'abord, il boursouffle. Il enfle. Il explose. Puis il procède à l'autopsie. Il coupe, il rétrécit, il jette. Il épure. Enfin satisfait, il fignole, il s'offre à nu. Il a l'art du pur.

La plupart des nouvelles, parce qu'elles se doivent de rester courtes et concises, sont, par un réflexe stupide dont sont atteints la plupart des auteurs, truffées de dentelles pour étoffer l'ensemble. Quelle erreur commune ! Zweig, à l'inverse, est d'une précision inégalée, d'une vivacité d'esprit dans le jugement sur les actes commis, d'une concision dans l'exposé des faits et d'une exigence dans la narration qui virevolte parfois, mais pour prendre le raccourci qui va au dénouement plus rapidement.

Si Zweig orateur a malheureusement manqué de courage face au nazisme, l'écrivain est prodigieux. Considérons encore sa biographie sur Fouché.

Fouché est un salaud de la pire espèce, et c'est cet homme qui a trahi tout le monde, cet assassin qui a massacré, cette ordure, que Zweig a choisi pour réussir un chef-d'œuvre. Zweig écrit dans un style prodigieux car il le sculpte à la française ! On dirait du Stendhal pour la finesse, du Zola pour l'âpreté, du Hugo pour le véritable souffle qui emporte tout. Mais au bout du compte, c'est du Zweig. Son œuvre dépasse la littérature, car elle est un tout historique, romanesque et philosophique époustouflant. Zweig a tout compris de Fouché. Ce *serial killer*, politicien de pacotille, sans envergure. Ce rat propageant sa peste, ce terrifiant SS de la terreur révolutionnaire.

Et pourtant, tous ces massacres, ces trahisons, ces monstruosités écœurantes se lisent, se dévorent même avec une élégance à la Luchino Visconti, une pureté à la Hitchcock, une déchirure d'âme à la Fitzgerald et une puissance d'écriture à la Hemingway. On devient fou de rage lorsque l'on imagine ce que Zweig aurait pu, et dû, laisser en écrivant un Mozart, un Napoléon, un Moïse ou un Christ. Zweig aura aussi su faire, à Londres – on doit lui reconnaître cet instinct de fauve –, d'une femme telle qu'il en rêve sa nouvelle proie : Marie Stuart. Autre chef-d'œuvre ! Deux ans d'un travail inouï. Deux ans d'une inquiétude grandissante. Deux ans d'angoisse et d'exigence.

C'est d'ailleurs à Londres qu'il prend conscience qu'il ne lui reste que son œuvre comme raison de vivre. Qu'il va ainsi, avec Marie Stuart, faire renaître de ses cendres l'héroïne décapitée.

Il sent qu'il a une dette envers ses amis. Ceux qui le fuient désormais parce qu'il est Juif. Comme ceux qui, malgré tout, attendent de Zweig qu'il renaisse lui-même de ses cendres, tel le Phénix. L'instinct est là. Toujours d'exception. Et qui avait donc porté son choix sur Marie Stuart. Sans concession. Désabusé presque. Atrocement réaliste. Par moment impénétrable, Zweig veut en somme traumatiser le lecteur. Le mettre dans une situation proche de celle de l'héroïne.

Dans les années 1930, Zweig s'est conduit d'abord comme un aveugle. Incapable de réaliser le véritable danger du nazisme. Sourd, ne voulant rien entendre. Il n'a pas su non plus comprendre à temps que la seule façon de rester un homme, un vrai, debout sans plier le genou, au lieu de tourner le dos, de fuir, abandonnant ses frères, était de profiter de sa notoriété mondiale pour écrire un manifeste sublime. Un *J'accuse* à la Zola contre Hitler.

Comment pardonner à Zweig son suicide ? Comment y être sensible ? Ce n'est que le geste d'un génie imbu de lui-même. Qui pense que le monde entier va verser des larmes. Bouleversé par le déchirant suicide d'un tel artiste. Pas une larme ne doit couler pour Stefan Zweig. Il ne mérite qu'un éternel mépris. Et avant tout de la part de ses lecteurs qu'il a trahis aussi, bien sûr. Les larmes, on peut les verser pour la petite Scholl, pour Kolbe, pour Von Stauffenberg, pour tant d'Allemands, d'Autrichiens qui sacrifièrent leur vie pour la dignité humaine.

Comment croire que Zweig n'ait pas pris conscience de l'extermination du peuple juif programmée par le Führer ? Comment croire aussi qu'il l'ait minimisée ? Zweig était au courant. N'a-t-il pas lu *Mein Kampf* ? Ni parcouru les discours officiels prononcés au Reichstag, publiés depuis 1922, qui font clairement état de l'holocauste à venir ?

Dans les années 1920, la tendance dans l'intelligentsia juive était de s'affirmer pour une Autriche cosmopolite plutôt que contre les Allemands. Soit. Cependant, Zweig apparaît soudain, au début des années 1930, atteint d'une phobie de la politique. Il laisse tomber Klaus Mann, qui ne pourra que constater le satisfecit de Zweig avide de ne plus s'en préoccuper. Zweig ne doute de rien. Pendant que meurent déjà des milliers de martyrs, il pense encore à une République des lettres. Qui, à elle seule, en remontrerait aux nazis, aux staliniens, aux fascistes. Ce n'est pas de l'apolitisme stérile, c'est de l'utopie inconsciente, insultante pour les victimes. « Monsieur Z » rêve pendant que le monde entier a déjà commencé son agonie. Pourtant de nombreuses occasions vont s'offrir à Zweig de devenir un héros ; il les déclinera toutes.

En 1932, alors qu'il était invité à parler de l'Europe à Rome, au cœur du fascisme mussolinien, alors qu'il pouvait dénoncer la dictature aux yeux du monde à l'Academia Itália, il renonça lâchement. Sous un prétexte qui ne tient pas. Il prétendit s'éviter de serrer des mains qu'il ne souhaitait pas même effleurer ! Qui l'obligeait à le faire ? Et quand bien même ! Mussolini lui-même, obligé de serrer la main d'un Juif, n'était-ce pas au contraire une victoire aux yeux du monde ? Se trouvaient là aussi les orateurs nazis Hermann Göring, Schacht et le traître et diabolique criminel Alfred Rosenberg. Zweig, héroïquement, leur aurait crié la vérité, sa vérité.

Quelques années plus tard, Zweig, très honnêtement, mesure la différence essentielle avec l'avant-guerre 14-18. Personne ne croyait la guerre possible ! Qui aurait pu imaginer cette boucherie ? À l'inverse, en 1938, tout le monde sent cette fois la guerre plus que possible : inévitable. Et vu la durée de la première des guerres mondiales, tout le monde aussi sent bien que si cette deuxième guerre éclate, elle risque de durer aussi longtemps que l'autre.

Cependant personne, comme dans le premier cas, ne veut bouger. Et Zweig pressent le pire : l'Europe ne bougera pas. Ce qu'il ignore encore, c'est que les États-Unis ne bougeront pas non plus. Et que la Russie de Staline s'alliera aux nazis.

Mais Zweig érige en principe sa neutralité sans se soucier des conséquences.

L'obsession de soi circule dans les veines de Zweig. L'obsession du Juif dans celles de Hitler. Ce sera d'ailleurs le dernier mot de Hitler dans son testament du bunker : « Juif. » À la dernière ligne, à la dernière seconde, il lui fallait encore maudire les Juifs, du plus profond de sa volonté. Hitler n'a pas été le premier à inculquer aux générations nouvelles la haine des Juifs. Elle ne l'a pas attendu pour gangrener l'humanité. En revanche, il leur donne le quitus criminel de l'exprimer au grand jour. Il a déshonoré tout un peuple en cristallisant son mal de vivre en une ignoble cruauté. La sensation que le monde va basculer dans l'horreur est présente. Zweig et les pacifistes impuissants s'y seront longtemps refusés ; non seulement ils n'auront pas hurlé à temps, mais ils se disperseront tragiquement.

11

Le sacrifice de la reine Charlotte

Londres. La nuit. Charlotte est soudain prise d'une crise d'asthme d'une violence inattendue. Zweig se lève. Va dans le cabinet de toilette. Et prend soin d'elle. Il répète les gestes habituels. L'eau. Le verre. Les gouttes. La serviette. La caresse sur le front. Et sa main dans la sienne. Elle ne dit mot, comme toujours. Son regard parle pour elle, si reconnaissant, trop admiratif pour Zweig qui pense ne pas le mériter.

Zweig n'est pas lui-même son principal centre d'intérêt, d'ailleurs. Il n'est absolument pas romantique. Parce qu'il ne se pardonne rien. Ne prend plaisir à rien. Et surtout pas à l'exaltation. Il tâche, en regardant tendrement Charlotte, de décrypter totalement celui qu'il aurait dû être. Stefan Zweig, héros des tranchées, mort à Verdun. Stefan Zweig officier en retraite, promu banquier à Berlin même, puis à Paris. Stefan Zweig, producteur à Hollywood, réalisant l'œuvre d'Erich Maria Remarque. On peut rêver aussi d'un Stefan Zweig prix Nobel en

1954. Sa statue trônant sur Central Park, inaugurée par le président Kennedy en 1964, à quelques semaines de la future investiture de son frère Robert. Malheureusement, Zweig ne fut pas ce Zweig-là.

La réussite a aveuglé Zweig dans les années 1930. Il s'est définitivement cru à l'abri, hors de portée de Hitler.

Zweig doute qu'un homme puisse faire preuve d'une liberté d'esprit absolue. Il se pourrait qu'il ait raison pour les hommes, mais pas pour les artistes. Un artiste qui ne serait pas indépendant d'esprit n'en est pas un ! Zweig a beau railler la bassesse des nazis, il serait indigne de lui d'y trouver matière à un affrontement immédiat. Hitler mystifie l'Allemagne, mais l'Autriche saura lui résister, pense-t-il. Il se dégraderait en gaspillant son temps à se soucier d'une péripétie locale en Allemagne.

Apaisé, sans outrances, compréhensif, rassembleur. Sur le plan spirituel, il entend ne rien céder. Sur le plan affectif, il cède à tout. La contrariété la plus intime engendre des conséquences néfastes pour son moral. Il ne libère ses angoisses que dans le travail, qui seul le rattache à la terre ferme. L'inquiétude incessante de la terreur nazie s'enchevêtre comme une pieuvre dans le labyrinthe de son imagination créatrice désormais envahie. Là, Zweig est vraiment intuitif : rien ne sera plus jamais comme avant.

Que serait le XXe siècle sans Freud et Picasso ? L'embrasement d'un monde atroce qui resterait inexpliqué. Au-delà de toute limite, dédaignant toute contrainte, il était écrit que ces deux hommes au contact d'une réalité insoutenable réussiraient à rester droits, debout, fiers, pour défier avec un courage exemplaire l'excrément nazi qu'ils exécraient. Zweig, lui, rata le coche, alors qu'il avait tout pour devenir l'un de ces êtres de lumière.

La voie qui devait le mener à la connaissance de son être profond est sans issue. Si la vie de Zweig a pris une forme tout à fait dramatique, c'est parce qu'il n'a pas su ou pas voulu faire les bons choix, dont le principal était de s'installer au Canada ou aux États-Unis d'Amérique. Où il aurait pu s'intégrer facilement au cercle d'Albert Einstein. À croire qu'il se sentait rivé à sa patrie. Il s'est laissé ballotter et dériver au gré du destin tragique qui l'attendait. Ce renoncement à prendre les devants, Zweig l'a payé cher. Pour aboutir à un échec, à la mort.

Zweig ne parviendra plus jamais à jouir d'un repos mérité. Il brûle d'un mal-être dont il ne définit même plus la source réelle. Est-ce la peur du Juif traqué par les nazis ? Est-ce la honte de n'avoir pas su réagir à temps ? Il se prend lui-même au piège. Son ombre s'est détachée de lui-même.

Zweig n'accepte plus d'être le jouet du hasard au gré des monstruosités, des dérives du régime nazi. Il refuse toute entrave. En revanche, il en impose à tout le monde autour de lui. Zweig ne se préoccupe pas de ce qui le protège. Comme un esprit libre de toute contrainte.

L'épidémie nazie fait des ravages, la démence des hauts dignitaires nazis augmente de jour en jour. Zweig ne peut pas ne pas s'en apercevoir. Zweig est persuadé que si Hitler persiste dans son délire criminel, le monde ne restera pas sans réaction. Mais lorsqu'il voit de ses propres yeux le duc de Windsor, roi d'Angleterre sans couronne, reçu à Berchtesgaden par le Führer avec Wallis Simpson rayonnante, il se rend compte que, même au plus haut niveau, les grands de ce monde n'ont pas encore su aborder le problème nazi, par incompétence, par peur.

En hâte, Zweig rédige l'oraison funèbre de Freud, vers qui ses pensées se reportent soudain. Comment soupçonner que la mort de Freud est aussi prématurément celle de Zweig ?

Il rêvait de faire de sa vie même une œuvre d'art. Tout s'effondre.

Il a conscience d'être au terme de sa fatale partie d'échecs. Ce jeu qu'il aime tant. Et dont il n'oublie pas qu'il ne doit rien au hasard. L'échiquier a commencé à se vider de nombre de pièces. Le piège fonctionne. Il ne reste plus que quelques pièces majeures pour le combat final. L'échiquier du monde aussi s'apprête au pire.

Sur la terre entière désormais flotte une odeur de mort. Zweig ne sera jamais l'un de ces héros capables d'accomplir un acte qui sauverait peut-être le monde alors que tout semble inexorablement perdu.

Londres, une autre nuit.

Charlotte s'est apaisée. Elle dort, à présent. Zweig détourne le regard vers la fenêtre ouverte. Le ciel rougit. Lui aussi se relâche. Zweig s'imagine qu'en Autriche c'est un ciel d'orage qui doit gronder, depuis que Hitler se glorifie de la haine. Zweig était à 40 ans convaincu que rien ne menacerait sa culture juive, même s'il n'en faisait que rarement état. Comment reconnaître alors que l'idéologie nazie aurait un jour la puissance et la volonté de la faire disparaître ? Il aurait simplement suffi d'en lire minutieusement la charte.

Hitler n'essaye même plus de faire illusion. Rien ne semble arrêter son essor maléfique. La haine du Juif allait demeurer l'élément ineffaçable qui déterminerait le propre destin de Zweig. Freud lui avait affirmé avoir eu en sa possession des discours prononcés au Reichstag par le Führer qui clamait clairement qu'il exterminerait le peuple juif. Zweig en minimise la portée lors d'une discussion extrêmement violente, presque insultante, entre l'élève et le maître.

Passé la cinquantaine, Zweig n'est plus un jeune poète inspiré, mais cet esprit puissant admiré du monde entier. Mais c'est trop tard, tout est fini aux yeux de Zweig, tout est perdu. Le Reich a gagné la guerre presque sur tous les fronts. Et les États-Unis sont incapables à première vue de se sortir du

guêpier japonais. Seule et dernière petite flamme :
l'Angleterre, qui refuse de capituler. Quant à Staline,
le traître, n'est-il pas lui aussi sur le point d'être
défait ? Ce qu'ignore Zweig, c'est qu'un homme,
un seul, un Juif qui plus est, détient la clé qui
va tout faire basculer, dans l'horreur certes aussi,
mais dans la victoire. Contre les Nippons d'abord,
puis, quand ce sera chose faite, il va permettre
aux Alliés d'écraser l'axe nazi. Cet homme, c'est
Albert Einstein. Zweig panique au contraire. Tout
au moins, il nous est donné de le supposer. Il ne fait
que reprendre à son compte les vérités d'autrui. La
guerre sera interminable. Encore combien d'année ?
Deux ? Trois ? Il ne se sent plus la force de résister.
Pas seulement pour lui, mais pour eux, pour elle.
Il se déshabille et s'allonge près de Lotte endor-
mie. Et cette nuit-là il prend pour la première fois
la décision d'en finir. Quand ? Il l'ignore encore,
comme il doute aussi de partir seul ou d'emmener
Charlotte dans ce dernier voyage.

Chaque pensée, chaque réflexion, chaque raisonnement de Zweig lui demanderait un effort
supplémentaire pour ne pas tout ramener à la rage,
à la haine, au mépris que le poison nazi diffusait.
Cependant, il échappera au piège nazi. Il fuit mais
sans rien : plus de patrie, plus de passeport, plus
de passé.

Contrairement aux Américains, les Britanniques
tiennent parole et offrent à l'apatride Zweig de
devenir Anglais. Une fois naturalisé, Zweig épouse

Lotte et quitte Londres après les sanglants bombardements nazis. L'Autriche lui apparaît comme un puzzle dont une à une les pièces se mélangent ou disparaissent, remplacées par celles, monstrueuses et criminelles, du Reich nazi. Mozart, Mahler, Freud, Strauss, Werfel, Gropius, Kokoschka, Klimt, mais aussi Schnitzler ou Wedekind, non, le cauchemar est irréel.

Comment Churchill, ce héros encore seul à résister à Hitler, pourrait-il lui tenir tête ? Et jusqu'à quand ? Il a commis tant d'erreurs à la tête de l'amirauté, lors de la guerre de 14 au ministère de l'Armement. Qu'a-t-il vraiment su gérer ? Comment, entre deux cigares et trois bourbons, le vieux lion avachi pourrait-il terrasser l'invincible Führer ?

Et s'il faut que ce soit de l'intérieur même du monstre que vienne la délivrance, des Allemands antinazis, comment croire en leur pouvoir et leur efficacité ? À l'exemple de ce colonel de Gaulle à la limite du ridicule, qui se prétend général de brigade et chef d'une résistance invisible, que Zweig juge aussi irréelle qu'utopiste. Zweig n'a plus envie de se battre inutilement. Sa vie lui semble derrière lui.

Tout lui devient totalement indifférent, inaccessible, impénétrable, vain ; il n'a plus de goût à rien. Comprendre le Juif en Zweig, c'est saisir son secret : il n'est plus vivant. Tout son passé lui a été volé.

Prouver qu'il est encore capable de nobles et grands sentiments ne le préoccupe pas. Il n'était pas homme à s'excuser d'un malentendu. En songeant que de toute manière il ne rentrerait jamais plus en grâce auprès de son propre peuple. Il doit avouer que cela l'a brisé. De son vivant, il ne retournera plus jamais à Vienne. Zweig n'est plus cet aristocrate de l'encre au sourire malicieux qui illumine discrètement les portraits photographiques auquel il se prête. C'est décidé, il ne doit plus rien à l'Autriche. Elle ne l'a pas seulement trahi, elle s'est trahie elle-même.

Le Reich nazi ébranle l'Autriche dans tous ses fondements. Le monde viennois feutré et très petit-bourgeois prétend n'avoir rien vu venir. Mais depuis Berlin olympique et les jeux de 1936, nul ne doute que l'horizon ne se couvre de nuages terrifiants. Annonciateurs de cette haine du Juif, si meurtrière, qui va s'abattre sur le monde entier. À commencer par la capitale de la Mitteleuropa, authentique symbole du pluralisme à abattre. Vienne la maudite à présent.

Zweig est atterré par la sottise du Führer dont les goûts artistiques relèvent d'un malentendu. Chaque déclaration en ce sens d'Adolf Hitler est pour lui une attestation supplémentaire de sa niaiserie. Zweig juge qu'il n'est que la partie émergée d'un iceberg monstrueux : l'antisémitisme réel. Des millions d'Allemands, d'Autrichiens et, il le sent aussi, des millions d'Américains qui ne lèveront pas le petit doigt pour protéger les Juifs.

Zweig ne saurait s'en tenir à la propagande officielle nazie. Il sait que la peur avilit l'homme, alors, en privé, il a toujours ce mordant dans le propos, cette ténacité à imposer ses vues. Son tempérament romantique est bien loin, mais pour ne pas éveiller la méfiance, désemparé, il reste muet.

La tentation s'offre à Zweig, sans qu'il mette en avant sa personne ou étale son nom, d'avoir un rôle majeur à jouer. On ne saurait l'imaginer habité d'un manque complet de convictions. Se révèle au contraire chez Zweig une surprenante marque de sa personnalité : l'absolution.

Comme on peut le présager, il arrange comme il peut son dédain du nazisme. Sous des airs d'accablement, il est forcé de constater son aveuglement quotidien. Rien ne peut plus conjurer le danger menaçant. Zweig est bouleversé. Ainsi, tout est à refaire. Jamais le monde ne connaîtra un tel recul, un tel massacre. Jamais un siècle ne se couvrira d'un tel opprobre : des dizaines de millions de victimes.

Le Juif en fuite ne sera jamais nobélisé. Zweig ne parvient pas à évacuer ses angoisses morbides. Traqué, il panique. Il n'acceptera jamais de plier le genou en signe de repentir. En dépit de la réelle autorité morale que Zweig représente auprès de ses confrères, certains antisémites notoires ne manquent aucune occasion de le salir. D'autres inclinent la tête lorsqu'on évoque le pacifiste humilié. Au fond, si le peuple juif fuit depuis si longtemps, c'est forcément qu'il doit avoir quelque chose à se reprocher, font remarquer sournoisement les traîtres. Curieusement pour un esprit aussi acéré que le sien, Zweig est sans défense quand on s'en prend à lui indirectement. Il tente toujours au premier abord d'esquiver, puis, intelligemment, de trouver la parade. Mais face aux nazis, il n'y en a qu'une : fuir. Et c'est cette déchéance qu'il ne supporte plus. Se soumettre, passe encore, pour attendre la reconquête après la résistance. Mais fuir, quelle horreur !

Zweig sait maintenant ménager son temps, son argent, mais ne ménage plus ses proches. L'élégant Juif viennois se targuait d'une multitude de bons amis. Le Juif en fuite n'en compte plus qu'un : Dieu. Zweig ne se borne même plus à resserrer les liens avec ses confrères. À quoi bon affecter d'être vu avec d'autres et tenter de les convaincre ? Zweig laisse les événements tragiques se dérouler.

Il voulait justifier qu'il se considérait avec raison bien plus Européen humaniste que Juif aux abois. Zweig entendait toucher à l'universel et n'être ni un renégat converti comme Mahler, ni un Juif rabbinisé comme Singer, ni un cas sémite comme Kafka. Il était Stefan Zweig, le grand écrivain autrichien.

Le *Saint Louis* fut envoyé par Hitler pour débarquer les Juifs à New York via Cuba. Pathétique miroir aux yeux du monde de la lâcheté et de l'aveuglement de Roosevelt qui refusa l'asile aux Juifs. Le Führer jubilait de les ramener en Europe, apportant la preuve que les Américains eux-mêmes ne voulaient plus de Juifs chez eux. Le capitaine Gustav Schröder, désobéissant aux nazis présents sur son navire, aux SS de la Gestapo, câbla en

Angleterre, en France et aux Pays-Bas un appel
désespéré pour y débarquer les Juifs et n'en ramener aucun en Allemagne. Il réussit en héros ce pari
fou. Tous ceux qui trouvèrent asile en Hollande
et en France périrent par centaines en camps de
concentration. Ceux réfugiés en Grande-Bretagne
eurent plus de chance. Emprisonné par les nazis,
le capitaine Schröder a été élevé au titre de Juste
parmi les Nations et un arbre à son nom l'honore
en Israël.

Zweig n'a pas à s'honorer de son attitude égocen-
trique similaire à celle de tant de ses compatriotes.
Zweig prétend qu'écrire est pour lui la marque
suprême de la liberté. C'est plutôt celle de son
indifférence. Molière, Beaumarchais ou Corneille,
Shakespeare, Musset, Hugo ou Giraudoux, Brecht
ou Tchekhov ont été d'une tout autre trempe et
ont fait preuve d'un autre courage.

Que sait Zweig et que pense-t-il de ces ouvriers
des années 1930 qui se battent et meurent pour
être traités d'une façon décente ? Que sait-il et que
pense-t-il des martyrs du monde ? Au lieu des
manuscrits de Nietzsche, de Léonard de Vinci, de
Balzac ou Goethe, des partitions de Brahms, Chopin,
Beethoven, Mozart ou Haydn, il eût mieux valu
collectionner les lettres de jeunes gens massacrés,
décapités, égorgés, pendus qui s'opposent aux
fascistes ou aux nazis, aux bolcheviques ou aux
bourreaux d'Asie.

Tout est parti de la crise américaine, Zweig en est persuadé. Et l'Europe va exploser et s'effondrer à cause des États-Unis en crise. Les faillites, les grèves, les émeutes, les famines, les suicides, l'anéantissement d'une société pourrie jusqu'à l'os. Le chômage, ogre épouvantable qui va dévorer des millions d'ouvriers sacrifiés pour se redresser. Dès 1930, Zweig a senti que le fascisme attendait son heure. Le chancelier Dollfuss ne maîtrise pas la situation tragique et vicieuse installée entre les nazis et les communistes, entre les fascistes et les bolcheviques prêts à en découdre dans le sang. Zweig a ouvert les yeux sur la mystification stalinienne et sa propagande pernicieuse.

Par instinct, Zweig évite de commettre la même erreur – l'engagement communiste – que Romain Rolland. Conforté par André Gide qui, au retour de Moscou, a tout compris et tout dénoncé. Mais c'est par lâcheté qu'il se dit apolitique. De février 1933 à février 1934, Zweig vit l'année cruciale qui va enfin le mettre à nu et révéler au monde entier sa personnalité. Tétanisée.

Pour lui plus rien ne sera comme avant. Le masque tombe et se fracasse au sol. Le 27 février 1933, Hitler « allume » l'incendie bidon du Reichstag, dont il va faire porter la responsabilité aux Juifs ; cet acte odieux ouvre alors la porte à tous les excès. Zweig devient le héros tragique d'une véritable tragédie que nul n'aurait imaginée et dont le titre aurait pu être : *L'Homme silencieux*.

Trois mois plus tard d'ailleurs, aux yeux du monde entier, le 10 mai 1933, le bûcher du diable, le feu de la honte, s'élève, brûlant des milliers de livres. Pas seulement des œuvres juives, mais aussi Zola, Wells, Proust ou Gide, tous jugés décadents, homosexuels ou amis des youpins. L'autodafé a lieu de nuit sur l'avenue Unter den Linden, à Berlin, aux cris de joie d'une jeunesse nazie en délire. Réduits en cendres, Thomas Mann, Heinrich Mann, Erich Maria Remarque, Arthur Schnitzler, Franz Werfel, Albert Einstein, Sigmund Freud, sous le regard satisfait du nazi Goebbels, ne font plus partie de l'Allemagne, qui pense ainsi en avoir fini avec eux. Son prix Nobel protège encore pour peu de temps Thomas Mann, qui a compris que tout était fini et qu'il fallait fuir au plus vite.

Zweig accepte d'associer son nom et son œuvre à Richard Strauss. Les deux hommes devraient pourtant se haïr. Strauss est désormais « cul et chemise » avec le régime nazi. Ouvertement, officiellement même, puisqu'il le cautionne sans ambiguïté, exerçant la fonction de président de la Chambre impériale de musique, la Reichsmusikkammer, créée en 1933. Strauss a fait retirer toute musique juive du Reich. Toute effigie juive. Toute statue juive. Tout portrait de Juif, toute plaque « enjuivée », écartant les musiciens juifs.

Zweig écrit donc le livret du nouvel opéra de Strauss, *La Femme silencieuse*. Son duo avec Strauss n'est-il pas le moyen efficace pour se mettre hors d'atteinte ? Joseph Roth et Klaus Mann ne cessent de hurler au loup, d'échanger avec Zweig des propos parfaitement clairs sur sa suffocante inertie, sur sa soumission traîtresse et sur sa collaboration déshonorante avec Strauss. Zweig se contente médiocrement de se justifier comme l'artiste prêt non pas à toutes les compromissions, mais à toutes les compréhensions. Zweig se targue d'être un homme de dialogue, de partage, refusant la haine. Langue de bois, car il était totalement conscient de tout ce qui concernait Strauss.

Tout débute par un coup de théâtre insensé : Strauss a obtenu finalement que le Juif Zweig soit tout de même sur l'affiche pour la première de l'opéra, le 24 juin 1935. Après deux ans de parlottes, de menaces, de rendez-vous berlinois, jusqu'au tête-à-tête avec Goebbels qui force Hitler à accepter la création loin de Berlin, au Staatstheater de Dresde. Zweig a déjà fui à Londres depuis plus de un an, et il n'a pas eu la force morale de retirer lui-même son nom, ce qu'il aurait dû faire, puisqu'il réalisait bien que les plus hauts gradés, les ministres de la chancellerie du Reich, et peut-être le Führer lui-même, seraient là pour applaudir la représentation. L'œuvre « enjuivée » est retirée au bout de trois soirées ! Dirigée par Karl Böhm, elle deviendra plus tard un chef-d'œuvre du répertoire allemand. Et marquera la rupture définitive de Zweig avec l'Allemagne.

Comment Strauss, qui aura tenu le bras levé non seulement pour sa baguette de génie, mais pour saluer à main nue d'un « *Heil Hitler !* » son Führer bien-aimé, comment Strauss a-t-il pu convaincre et aveugler à ce point Zweig ? Au moment de lui proposer sa collaboration, Strauss avoue à Stefan Zweig son plus intime secret : « Je ne vous trahirai jamais, juif Zweig. Pour la raison que la femme de mon fils est elle-même juive ! » Cette révélation incroyable, Zweig, on s'en souvient, l'assena à Friderike à son départ pour Londres.

En 1935, Zweig a 54 ans pour l'état civil. Mais quel âge a-t-il réellement ? Celui qu'il a ou celui qu'on lui donne ? Celui qu'il se donne plutôt. Et c'est celui d'un homme qui n'a plus que cinq années à vivre. Le sent-il ? Peut-être confusément. Éloigné des événements de plus en plus tragiques, de l'incendie nazi qui ravage l'Allemagne, Zweig retrouve enfin sa lucidité. Avec un certain courage, il tente encore de préserver les liens qui l'attachent à ses amis détracteurs les plus proches. Comme Roth, Mann, ou même Rolland, dont l'engagement ouvertement communiste va devenir une barrière quasiment infranchissable pour Zweig.

Zweig profite d'un contrat de conférences aux États-Unis pour s'embarquer pour New York en janvier. Sur le transatlantique italien, le *Conte di Savoia*, il retrouve pour la traversée Arturo Toscanini, cet homme admirable qui défia Mussolini !

Lorsqu'il revient à Londres avant de repartir pour Rio de Janeiro et Buenos Aires, Zweig n'est définitivement plus le même. La guerre d'Espagne qui gronde déjà, éclate et terrifie le monde, lui donne raison : la guerre vient de débuter. La Seconde Guerre mondiale sera la plus meurtrière que connaîtra l'humanité. Le dimanche 13 mars 1938, le plébiscite sur l'indépendance de l'Autriche du chancelier Schuschnigg est rejeté, et lui-même arrêté le lendemain, démis par le traître à la solde des nazis Seyss-Inquart, paillasson du Führer qui déshonore l'Autriche. Les Juifs vont servir d'esclaves. On les arrête, on les vole, on les expulse à prix d'or, le leur. Près de deux cent mille Juifs viennois s'enfuient ou disparaissent. L'extermination a commencé.

Tous les biens de Zweig sont volés. Ils ne lui reviendront jamais. Meubles et collections. Mais c'est sa dignité aussi qui lui est volée, lui qui n'a rien su prévoir à temps. Douleur extrême : sa chère vieille maman s'éteint. Loin de lui. Elle aura vu son pays, son peuple, se couvrir de honte sans que son si célèbre fils puisse réagir. Et il le ressent aussi en son âme et conscience à Londres. Ce ne sont pas les accords de Munich, en septembre 1938, cette honte inimaginable dont se sont rendus coupables Chamberlain et Daladier, qui va rassurer Zweig et Lotte. L'Europe vient d'être crucifiée par les nazis. Son sang va couler à travers des millions de victimes.

Charles Spencer Chaplin ne niera pas ni n'affir-
mera sa judéité, malgré la présence de Hannah,
sa mère, aux crises de folie constantes. Chaplin
avouera indirectement sa judéité en faisant de
Charlot, son alter ego, sa créature, le barbier juif
du *Dictateur*. En donnant la parole pour la première
fois au plus célèbre mythe du septième art, il le
fait donc parler en Juif. Ce qui est tout à l'honneur
du plus grand génie du cinéma. Mahler n'hésitera pas, lui, à se convertir pour pouvoir prétendre
au poste de directeur du plus grand Opéra du
monde, à l'époque celui de Vienne, et y servir
Richard Wagner, chantre de l'antisémitisme aux
yeux de tout Allemand. Zweig n'aura pas levé le
petit doigt contre les nazis et ne saisira son erreur
fatale qu'en présence de Strauss, mouillé jusqu'au
cou, mais sachant surnager. Guitry, arrêté par la
Gestapo comme Juif, ne doit son salut qu'à l'ignorance par les services vichystes du testament réel
de son grand-père Edmond Guitry avouant que
Lucien, le père de Sacha, était un enfant adopté.
Ainsi, Chaplin, Mahler, Zweig et Guitry prouvent,
si besoin en était, que la prétendue intégration,
sous Victoria au bord de la Tamise, sous François-
Joseph au bord du Danube ou sous Clemenceau
ou Poincaré au bord de la Seine, serait remise en
cause tragiquement au cours du siècle de la Shoah.
    Après l'arrivée au pouvoir du Führer, l'œuvre
écrite de Zweig dans sa langue originelle, l'allemand, est donc partie en cendres sans que puissent

se révolter ses millions de lecteurs dont la plupart, aveugles ou complices du nazisme, n'ont pas immédiatement saisi que le Phénix renaît toujours de ses cendres. Zweig n'a pas compris que, loin d'avoir tout perdu, comme il le déclara, n'ayant plus sa place nulle part, il a touché à l'universel et échappé au bourbier européen en devenant apatride.

Qui aurait pu supposer à cette époque que Zweig n'accepterait jamais de porter l'étoile juive ? Pas plus que l'affront fait à son œuvre par les nazis, pas plus que d'être chassé d'Autriche Zweig n'aurait supporté cette marque d'infamie. Parce qu'à ses yeux, cette étoile jaune ne signifiait rien d'autre que « sale Juif ». Ne partageant pas cet avis, nombre de ses coreligionnaires la portaient comme un symbole de la solidarité avec leur peuple. Et de leur fierté retrouvée pour défier les nazis, pensaient-ils pour ne pas sombrer totalement dans le désespoir.

Ironie du destin, Zweig qui a passé sa vie à voyager pour son plaisir se voit contraint désormais de le faire pour fuir. Citoyen britannique, il ne supporte plus d'errer à travers le monde. Son rêve serait de se poser. Mais quel artiste crée en se posant ? L'artiste est en lui-même une souffrance, donc une contradiction. Zweig prétend ne plus supporter cette souffrance ? S'il la ressent, c'est qu'il est bien toujours un artiste de génie. Il clame avec élégance que le travail intellectuel a toujours été sa joie la plus intense, en ce monde où la liberté de chaque individu serait le bien suprême.

Staline avait trahi en fraternisant avec le Führer.
Les pacifistes portaient une lourde responsabilité.
Refuser le parapluie des va-t-en-guerre lorsque le
soleil de la liberté brille encore, qui pourrait le lui
reprocher ? Mais lorsque les nuages noirs enva-
hissent le ciel, refuser la guerre pour se protéger
est une honte.

Zweig est persuadé qu'il ne reculera pas et ira
jusqu'au suicide sans faillir. Zweig ne doit sa
carrière qu'à lui-même, qu'à l'écrivain. Et l'échec
de sa vie, qu'à l'homme qu'il est.

Le Führer franchit la frontière devenue caduque
le 12 mars 1938 et, sous les acclamations, proclame
son droit officiel d'annexer l'Autriche. Le cauchemar est devenu une réalité en six semaines. Rien
ne peut plus arrêter Hitler. Comme d'autres Juifs
célèbres en exil, Zweig n'est plus qu'un sale youpin
pour l'Allemagne. Il a beau être juif et chassé par
les nazis, pour les Américains Zweig n'est qu'un
boche, et reste un boche, Juif ou pas, dont ils se
méfient ouvertement. Zweig aurait dû s'exiler définitivement aux États-Unis. Mais Roosevelt le déçoit,
à juste titre.

Il choisit alors l'Amérique du Sud. Conférencier
en Uruguay, en Argentine, il est sollicité et admiré.
Zweig adore flâner le long des trottoirs humides
de Rio de Janeiro.

En reprenant sa marche vers l'hôtel où Charlotte
doit s'impatienter, il s'interroge. Quand donc ses
millions de compatriotes finiront-ils par se réveiller

de ce cauchemar dont ils ne mesurent même pas, en ces années, l'horreur exacte ? À l'instar de celle de ses héroïnes Marie Stuart et Marie-Antoinette, la vie de Zweig va se révéler une tragédie sans espoir.

Les premiers pas au Brésil, à Rio de Janeiro, Zweig les avait faits avec succès pendant que l'Espagne ensanglantée tombait entre les mains de Franco. Le nouveau voyage littéraire qu'il entreprend à propos de Magellan, dévoile un autre aspect de Zweig peu rassurant : le pessimisme absolu. L'abandon de toute révolte. Un Zweig d'une autre facture apparaît plus clairement devant le système nazi répressif. Il s'avoue dépressif et flottant à la dérive.

Il ne veut plus être ce Juif errant qu'il est devenu malgré lui. Il ne tient pas non plus à se rapprocher de ses racines. Il ne les renie peut-être pas, mais il entend les ignorer. Imaginons qu'il se soit décidé à écrire une biographie sur Moïse, Kafka, sur David ou Aaron, il y aurait mis une part de lui-même comme tout biographe, mais quelle part ? Celle qu'il ne veut pas voir apparaître.

Certes, Zweig est fou de colère envers Theodor Innitzer, primat d'Autriche, cardinal archevêque de Vienne qui déshonore l'Église en apportant ouvertement son soutien aux fascistes. Puis publiquement son total engagement pour le nazisme. Le cardinal Innitzer osa déclarer en chaire : « Ceux qui ont charge d'âme et les fidèles se rangeront sans condition derrière le grand État allemand et le Führer, car la lutte historique contre la criminelle illusion du bolchevisme et pour la sécurité de la vie allemande, pour le travail et le pain, pour la puissance et l'honneur du Reich et pour l'unité de la Nation allemande est visiblement accompagnée de la Bénédiction de la Providence. » Et presque toutes les églises autrichiennes furent sur-le-champ pavoisées de croix gammées. Innitzer est allé plus loin dans l'ignominie : signant la déclaration du Gauleiter Bürckel, prônant l'Anschluss, il ajoute de sa main : « *Heil Hitler !* » Et ordonne la lecture de cet acte infâme dans la totalité des églises d'Autriche ! Innitzer, vertement tancé par le pape Pie XI qui le convoque au Vatican, tente de faire machine arrière, affirmant qu'il n'y a qu'un guide : Jésus-Christ. Après la guerre, il n'obtint pas le pardon public. Innitzer a vendu son âme au diable.

Les victimes de la Seconde Guerre mondiale s'élèveront à 57 millions. Celles de la bombe A et des camps d'extermination. Trois fois plus que la Première, celle des tranchées et du gaz sarin. De 1918 à 1938, alors que le monde entier aurait pu arracher les racines du mal, rien d'essentiel et d'efficace n'a été accompli pour empêcher l'ascension tragique. On a dû mal à imaginer l'état d'esprit exact de Zweig et Rolland qui non seulement encaissent comme des boxeurs impuissants un KO debout, mais refusent encore de jeter l'éponge, espérant un miracle qui n'arrivera pas. En novembre 1938, Romain Rolland demeure incrédule et s'inquiète devant la soumission apparente de centaines de milliers de Juifs autrichiens qui n'ont pas pris la fuite. Zweig prétend s'être démené pour tenter d'élever une protestation véhémente, une sorte de manifeste soutenu par les plus célèbres personnalités de chaque pays ; en vain.

Zweig, toujours aussi pragmatique, a compris que ces Juifs autrichiens, aveugles et sourds, refusaient de paniquer. Par admiration, reconnaissance et fidélité à l'Allemagne où ils s'étaient réfugiés et élevés depuis deux ou trois générations, ils se devaient de rester confiants et respectueux. Il suffisait de laisser passer la peste brune, elle finirait bien par disparaître d'elle-même. Ils se réveilleraient du cauchemar, ils n'en doutaient pas. Zweig, si. Il connaît intimement la question. Klaus Mann avait le premier ouvert les yeux à Zweig. Ils avaient fui au même moment.

Klaus Mann était allé en Suisse pour y crier sa révolte et combattre Hitler par revue interposée. *Die Sammlung* paraîtra tous les deux mois. Avec la même ouverture d'esprit que celle d'Albert Camus avec *Combat*. Mais pour Mann, il s'agit aussi de débattre. Débattre sur le présent terrifiant, le passé coupable et l'avenir improbable. Mann cherche à donner une voix à la jeunesse, celle à laquelle Zweig a si vite tourné le dos comme un bourgeois qui n'aurait tenu qu'à sauvegarder ses biens, sa place, son renom. D'ailleurs, Zweig refuse de participer à la revue de Mann, la jugeant inquiétante par tant d'audace. Sous couvert de ne jamais avoir écrit contre telle race, telle nation, telle classe sociale, tel homme même, et de proférer qu'il se refuse à le faire, Zweig joue à l'artiste qui s'adresse, à travers son art, à tout public sans distinction.

Et si, à l'exemple de l'acte légendaire du *J'accuse* d'Émile Zola, dont la France s'honorera pour l'éternité, un « Je n'excuse pas » de Stefan Zweig, en pleine terreur nazie, était paru ?

Zweig se complut pendant ses années d'exil dans le rôle de victime. Soit. Il joua à perpétuité *Les Trois Sœurs* à lui tout seul. Là aussi, c'est inexcusable. Se détacher réellement, ou par feinte, du monde tragique présent est une subtile manœuvre pour s'en sentir rejeté. Absent donc également, et par là même irresponsable ! Cette fuite, cette lâcheté, cette irresponsabilité d'un objecteur de conscience qui ne mesure pas la portée négative de ses non-actes, s'il ne veut pas en souffrir pour de bonnes raisons, il va cependant en souffrir dans la profondeur de son âme, mais pour de mauvaises raisons. Le pire étant l'affirmation que tout combat, tels ceux de Camus, de Mann par exemple, est vain, qu'il ne sert à rien.

Zweig jette l'éponge avant même la fin du combat, alors qu'il fait partie de ceux qui n'ont pas encore pris de coups, ou si peu. Einstein, Gide, Hemingway répondront aux attentes de Mann. Mais ce dernier aussi jettera l'éponge, KO debout, méritant cette fois le respect pour s'être tant battu jusqu'en 1935. Il se vengera dans ses chefs-d'œuvre, *Mephisto* en tête, sa *Résistible Ascension d'Arturo Ui* à lui. Il sait la guerre inévitable. Pas Zweig. Qui, une fois de plus, se ment à lui-même. Mais lorsque la guerre est déclarée, Mann choisit l'Amérique du Nord. Zweig celle du Sud. Avec un courage exemplaire, Mann s'engage dans l'armée comme correspondant de guerre. Zweig se la joue tel Trigorine de *La Mouette* de Tchekhov. Et Valparaíso, un quartier de Petrópolis, sera sa cerisaie, son tombeau. Mann aura eu le temps de voir se lever l'aube nouvelle et la victoire sur le Reich écrasé avant de mourir. Klaus Mann a des allures de héros fatal ; pas Zweig.

Comment Zweig a-t-il commis l'invraisemblable stupidité, pour ne pas dire cruauté, d'évoquer dans son ultime lettre à Freud, mourant d'un cancer terrifiant dans les souffrances que l'on peut imaginer, en septembre 1939, huit jours avant son suicide : « J'espère que vous ne souffrez que de notre époque, comme nous tous, et non physiquement de douleurs atroces. Nous devons rester droits maintenant et tenir pour assister au jugement des criminels en enfer. » Zweig est-il inconscient d'écrire une chose pareille ? Il est un peu tard pour se décider à tenir ferme comme il l'entend. Il n'ignore absolument pas que Freud souffre le martyre. Cela ne lui vient pas même à l'idée, à la suite du suicide de Freud, d'en tirer la leçon pour lui.

Imaginons un dîner là-haut, qui réunirait Herzl, Freud, Mahler et Zweig. Entre Juifs autrichiens qui se sont croisés, aimés, haïs ou dédaignés. Ce n'est pas sûr que Zweig y tiendrait le beau rôle. Que ces quatre lumières n'aient pas été assez humbles et visionnaires pour se soutenir réciproquement dans le but suprême de la liberté et de la paix des hommes, cela laisse pantois. Et rageur. Et aucun de ces quatre-là, pour géniaux qu'ils soient, n'est exempt d'erreurs. Herzl n'a pas su être écouté au Congrès de Bâle, en 1904, qui eût tout changé si une décision de territoire pour Israël avait été prise. Freud, dans sa vie intime, entre sa fille et le reste, est loin d'être irréprochable et se serait révélé en analyse un malade nécessitant une puissante thérapie, un innocent coupable bien plus qu'un coupable innocent. Mahler, le cocu magnifique, s'est conduit en lâche, et le fait qu'il se soit converti au christianisme pour être autorisé à diriger l'Opéra de Vienne ne le grandit pas particulièrement, quand on sait que, déjà à cette époque, il aurait pu s'envoler pour New York où Toscanini l'attendait au Metropolitan Opera. Zweig est à l'image de ce siècle : tétanisé et assassin.

Il n'en pouvait plus, en réalité, de cette souffrance qu'il devait porter comme tout Juif. Et, pire encore, qu'il était obligé de partager avec des millions de Juifs. Zweig, qui était un esprit supérieur, avait compris, et c'était là son drame, que les souffrances de tous devenaient aussi les siennes. Il croyait naïvement que se soumettre au joug nazi serait une façon sûre de le restreindre, que lutter n'aurait fait qu'aggraver la situation. Six millions de Juifs ne se figuraient pas qu'une mort atroce les attendait, que leurs bourreaux étaient réellement des monstres.

Zweig n'aura cessé jusqu'à la fin de se demander pourquoi les Allemands n'ont pas dénoncé l'holocauste et les camps d'extermination. S'ils étaient des centaines de milliers, voire des millions, à être révoltés par les criminels nazis, qu'ont-ils attendu pour les dénoncer ? Zweig l'Autrichien ne pouvait qu'être accablé de voir que ceux dont il rêvait la victoire en 14-18 étaient cette fois les bourreaux. Déjà en 1930, Sholem Asch, romancier yiddish, avait tenté de lui ouvrir les yeux. Joseph Roth, trois ans auparavant, l'avait informé en lui adressant une lettre d'une extrême violence. Il écrira plus tard que Hans Günther dénonçait Zweig comme le sémite bolchevique de la culture, libéral et pacifiste dans son *Rassenkunde des jüdischen Volkes*. Roth reproche à Zweig sa lâcheté contre les nazis : « Tout vient de votre attitude floue ! J'apprécierais davantage que vous osiez combattre contre eux avec tout le poids de votre nom ! »

Petrópolis. La nuit.

Zweig venait d'entrer dans la chambre où Charlotte se reposait. Elle dormait. Il s'assit. Et tout en la regardant, il replongea des années en arrière, lorsqu'il venait justement de s'asseoir ainsi, jambes croisées, face à Strauss derrière son bureau de Dresde. Ce n'était pas encore le moment de scandaliser le Reich. Il serait temps de le faire après. Comme il se persuadait qu'il serait aussi bien temps pour lui de réagir après son installation à Londres en 1934. Pour s'adresser au monde entier. Mais c'est le silence qui advint.

L'idée qu'il ne reverrait plus jamais l'Autriche lui était insupportable au début de son exil britannique. Puis il s'en réjouit. Car il s'était mis à haïr ses compatriotes. À ses yeux, tous étaient soit nazis, soit lâches et serviles. L'Autriche ? Il s'en bâtirait une autre.

Zweig a l'âme incendiée. On a dit que ses livres avaient brûlé ; son identité aussi était partie en fumée. La braise rougeoyait encore sous les cendres de sa vie brisée. Mais souffler dessus, il n'en avait plus l'envie.

Zweig se sentait déjà mort.

Pire : inutile.

Zweig avait une distinction naturelle non feinte. En réalité, il s'agissait d'une impénétrabilité totale. Jeune déjà, il prenait plaisir à ne jamais se départir d'une gaieté inattendue, d'une délicatesse dans ses actes comme dans ses propos, qui ne se démentaient pas. Désormais, il est de ceux qui glissent inexorablement sur la pente, sans même ressentir le désir de se raccrocher à quelque chose pour survivre. Il ne s'applique plus à fixer les autres, ce qui l'aidait à se maintenir en s'oubliant lui-même. Les reproches larmoyants de son épouse n'y changent rien. Personne ne soupçonne le gouffre de détresse qui s'ouvre en lui et va l'engloutir.

Combien de temps tiendra-t-il encore ? C'est la seule question qui se pose. Seul, il ne peut pas. Il le sait très bien. Il a autant besoin de se confier que d'écouter quelqu'un. Pour sortir de lui-même, de ses angoisses qui l'étreignent. A-t-il cherché à se mettre à l'abri des remords qui l'accablaient ? Au plus profond de son être, Zweig parvient à se contraindre. Il ne s'abaissera pas à se mentir. Rarement dans sa vie, Zweig a souffert plus intensément qu'au Brésil.

Il se sent trahi dans sa conscience artistique, désemparé, prêt à renoncer. Ses ennemis nazis en veulent à sa vie. Ses confrères jaloux en veulent à son œuvre. Et ses proches en veulent à sa seconde femme, regrettant ouvertement Friderike. Il franchit alors le seuil de la solitude. Et s'engage en solitaire dans le chemin dont on ne revient pas. En lui s'opère un changement radical : il ne pardonne plus. Ni aux autres ni à lui-même. Ce qui est plus grave. Pour être bien compris, il ne dérive sur aucun superflu. Pour éveiller l'admiration, il dispose d'une autorité morale sans limite. Mais il y a une surabondance d'informations tronquées et contradictoires à propos de la position américaine par exemple. Elle le choque.

Les nazis peuvent compter, aux États-Unis, sur l'efficacité redoutable d'une cinquième colonne d'espions qui manipule jusqu'au sommet de l'État les plus hautes personnalités. Zweig est possédé par l'idée redoutable de ne juger que sur preuves formelles, dénuées de toute ambiguïté. Or lesquelles le sont ? La finalité – détruire les réseaux en Asie et triompher du Führer – paraît encore si lointaine à Zweig, découragé.

Zweig sent bien qu'il va s'avilir toujours davantage dans la fuite. Il ne tolère plus l'agenouillement. Alors se creuse en lui une zone d'ombre impénétrable. Sa bouche close, elle aussi, révèle des lèvres frémissantes qui ne parviennent plus à sourire, et trahissent un sentiment d'angoisse permanente. Amertume, scepticisme, désespoir. Il a perdu la foi en l'homme.

Zweig persiste – et avec quelle amertume au cœur ! – à n'entrevoir aucune issue pour les Juifs. Zweig n'est pas seulement atteint au fond de son être d'une déchirure qui ne cesse de s'étendre, il prend conscience qu'une vapeur nauséabonde s'en échappe et commence, peu à peu, à l'envahir : la haine, féroce et irraisonnée. Loin d'être un Voltaire autrichien, un Zola viennois, un Hugo du Prater, il se sera contenté de passer à travers les gouttes.

La joie d'écrire est morte.

La littérature ne lui suffit plus. Il n'y trouve pas son compte. Un furieux besoin de changer de vie se fait sentir. Pour ses millions de lecteurs dans le monde entier, Zweig est toujours aussi captivant. Mais parce qu'il est captif ! Zweig n'est pas le malade prétendu qui met fin à ses jours. Ce n'est pas non plus une victime au bout du rouleau. Il est, au contraire, un esprit totalement maître de soi.

Et qui ne fait qu'exécuter une sentence, que punir un coupable dont il a décidé la mort : lui-même ! L'écrivain prodigieux, si subtil et si élégant, si profond aussi, cet archéologue de l'âme féminine, ce maître si sensible, a brusquement décidé de devenir lui-même le héros central de son œuvre la plus tragique, la plus révélatrice, sa propre vie ! Donc sa propre mort ! Zweig n'a pas fui par l'entrée des artistes, mais par la sortie de secours. Tête baissée, poings serrés. Il n'a plus rien. Ni patrie ni famille. Ni amis. Mais, bien pire, il n'*est* plus rien : il s'est perdu.

Il ne peut compter que sur une seule compagne. Celle qu'il aime depuis toujours, qu'il ne cessera d'aimer, qui ne le trahira jamais, pour laquelle il donnera tout, qu'il n'aurait jamais dû trahir à son tour, mais qu'il trahira sans hésitation en mettant fin à ses jours : son œuvre. Écrire lui apparaissait soudain comme une contrainte. Ce qui intrigue au plus haut point Zweig, c'est justement que plus rien ne l'intrigue. Il écrit simplement pour écrire. Par réflexe, par hygiène. Tout est calme et morne à présent, comme un lac où se refléterait encore la folle image d'un bonheur perdu.

Mais plus il se penche pour l'apercevoir, moins il y apparaît. Il constate avec stupeur qu'il n'y trouve plus un attachement, mais bien plutôt un arrachement au passé. Condamné à créer éternellement pour ses héroïnes une atmosphère au tragique inattendu, il a la prescience qu'il va à son tour devenir le héros d'une tragédie dont il ne sera pas le maître d'œuvre.

Contrairement à Anton Tchekhov, Stefan Zweig ne partageait pas sa vie avec une comédienne, maîtresse femme dans les draps comme sur scène, qui l'aurait certainement poussé à réagir. Qui l'aurait forcé à accomplir le destin majeur qui l'attendait à coup sûr au théâtre. On imagine une *Cerisaie* viennoise. Quel stupide renouement qui nous a privés d'un tel maître !

La comparaison entre les nouvelles de Tchekhov, celles de Pirandello et celles de Zweig plaide en ce sens. Voilà trois maîtres absolus. Et des trois, c'est Zweig qui laissera au théâtre une œuvre inachevée. Si seulement il avait eu l'excuse chaplinesque d'avoir voué sa vie à sa famille, de l'avoir consacrée à ses proches ! Mais rien de tel non plus. Il a fui le théâtre parce qu'il a fui le monde. Il rédige de plus en plus vite pour avoir de moins en moins de temps à consacrer à l'écriture. Il gaspille son talent à s'éparpiller sur plusieurs travaux en même temps, comme pour ne plus s'obliger à achever au plus tôt l'un d'entre eux.

Zweig n'entend pas écrire son autobiographie, il entend la vivre et la maîtriser jusqu'au bout, quitte à mentir. Il se dessèche. Il le sent. Et ne s'en remet pas. Il fait preuve d'une fermeté intransigeante parfois sur des détails désuets, sans aucune valeur. L'écriture lui apparaît non plus comme une passion, ni même une habitude ou un devoir, une mission ou un travail, mais comme une besogne. Il se juge au-delà de l'effroi de l'âge, aussi. Épuisé physiquement, désillusionné moralement, il ne se parle plus. Son propre vide l'effraie. Le cynisme apparaît. Il avait un destin. En mettant fin à ses jours, il va devenir un mythe. Il va chercher chez Balzac ou Nietzsche un identique affaissement. Il s'attache à voyager chez les autres. Il espère encore grandir en son art en affrontant le péril. Pourquoi parler des autres si ce n'est parce qu'il n'a plus rien à dire sur lui-même, dont il s'est éloigné pour toujours ? L'apogée de son œuvre lui semble si lointain. Une indifférence morne l'envahit.

Camus et Zweig nous sont familiers, à jamais. Tout n'est pas parfait chez eux, c'est ce qui nous les rend si proches et si semblables. Nous sommes tous morts avec Albert Camus à moins d'une heure de Paris, près de Montereau cette nuit fatale du 4 janvier 1960. Et nous étions dans la chambre face au lit de Zweig et de Charlotte, impuissants à les empêcher de commettre l'irréparable, ce jour tragique du 22 février 1942 à Petrópolis, à plus d'une heure de Rio de Janeiro.

Un auteur ressuscite toujours en son œuvre. Mais qui est Stefan Zweig ? Il n'est pas de son siècle. Du moins le croit-il. Alors qu'il en sera l'une des dix figures les plus représentatives. Il croira justifier dans sa dernière lettre, à 60 ans passés, qu'il n'était plus en mesure, épuisé, sans force vive, de recommencer sa vie. Il fait preuve ici d'une méprise insensée. Il ouvre les portes de la mort pour y marcher sans fin, sur le chemin de sa légende. D'une part, il oublie les exemples de morts tragiques qui firent entrer dans la légende Jules César, Cléopâtre, Abraham Lincoln et tant d'autres qui, dans le même esprit, s'inscrivent dans la mémoire du monde. D'autre part, Zweig, dans la même lettre déchirante, parle de longues années d'errance. Il s'agit plutôt d'une distance de plus en plus grande entre ses deux moi, comme s'il se fuyait lui-même. Pour s'aveugler, il écrit rageusement, extrêmement vite, son testament : *Le Monde d'hier*. Quant au monde d'aujourd'hui, pour n'avoir pas voulu le voir tel qu'il est, Zweig ne trouve plus aucune raison d'y vivre.

12

Le dernier coup

FRIDERIKE l'a trahi, abandonné, refusant nettement de le suivre à Londres. Il a décidé de tout effacer, de tout renier désormais, se gardant bien de s'en confesser à Charlotte. Jusqu'au dernier moment où il lui avouera son dessein : se suicider. Même lorsque Charlotte joue le rôle d'une confidente intime, Zweig ne se livre pas à fond et n'entrouvre jamais la porte du coffre-fort de ses angoisses. Charlotte n'est pas ce qu'on peut appeler une nature débordante d'acuité et de vitalité. Il en profite. L'aime-t-il vraiment comme il n'a jamais aimé ? Zweig ne fustige pas Charlotte. Mais qu'elle se taise surtout, et le laisse travailler sans l'interrompre. Il ne se pardonnerait jamais, cependant, de froisser et vexer cette âme noble à ses yeux, vouée à un rôle subalterne. Et si Zweig ne jouissait plus que par l'esprit ? Et si toute passion incontrôlable était refoulée en lui ? Que Charlotte puisse porter un jugement défavorable sur lui le panique. Elle n'est à première vue ni sensuelle ni passionnée, et

c'est peut-être le secret de leur relation. Elle est la
fille qu'il n'a pas eue, il est le père qu'elle espérait.

Charlotte est sensiblement plus habile que
Friderike : elle sert, quand il le faut, *de visu* ou
par correspondance, de bienveillante intermédiaire
entre Zweig et ses ennemis. Son opinion a du poids
dans toutes les décisions à prendre dont Zweig se
décharge sur elle. Il a perdu le goût et l'élan de
séduire Charlotte en la surprenant. Leur relation
s'est établie sur une certaine pudeur, une réserve
prudente de part et d'autre. Leur amour n'est-il
pas une esquisse grossière d'une union qui n'est
pas heureuse ? Quand a-t-elle osé faire place au
tutoiement intime, et appeler de tous ses vœux que
Zweig l'épouse ? Charlotte est-elle vraiment digne
de lui ? Et l'inverse ?

Ce n'est pas le lieu où ils sont, puisqu'il ne cesse
d'en changer, qui l'emporte, mais le lien qui les lie :
la soumission. Si Zweig s'irrite quelquefois, c'est
de plus en plus rarement, à vrai dire, mais plus
vivement qu'auparavant. Le principal reproche que
Zweig peut adresser à sa femme – il n'en prend
pas conscience, et ce sera l'une des causes de sa
perte –, c'est sa fidélité, sa passivité. Sans s'attarder
sur son ardeur sexuelle loin d'être attisée, Zweig
aurait été contraint de se dépasser, d'en faire plus,
de se remettre en question, de dépasser la mesure,
de donner le meilleur de lui-même, en un mot
de se battre de nouveau, donc de retrouver une
volonté, une énergie que sa dépression étouffait. La

vie simple et paisible que Zweig souhaitait mener
a disparu. Il répugne à l'admettre, mais en fait, il
n'a plus de vie. Parce qu'il n'a plus, comme avec
Friderike ou Klaus Mann, quelqu'un pour s'opposer à lui et ainsi l'obliger à se surpasser ! Ses héros
seuls le persécutent. Pour mieux les comprendre,
il se met à leur place. Ce sont eux, lorsqu'il est
fragile et fatigué, qui se mettent à la sienne. Zweig
sombre en dépression. Charlotte doit se plier à ses
exigences : après lecture, relecture et corrections, il
n'attend d'elle qu'une approbation aveugle de tel
ou tel chapitre de ses œuvres.

Que va-t-il faire de leur vie ? Charlotte lui sait-elle
encore gré de son renoncement aux autres pour se
consacrer entièrement à elle ? Charlotte n'était pas
seulement la secrétaire attentive qui comprenait
tout plus vite que Friderike. Elle ne le faisait pas
à l'époque, mais elle domine Zweig. Parce que,
contrairement à sa première épouse, elle sait lui
dire oui. Friderike était sans cesse critique et ne se
prenait pas pour rien. Charlotte prend Zweig en
entier : l'écrivain, l'amant et l'enfant qu'il est resté.

Elle sait se soumettre aux trois, tour à tour.
Friderike n'admettait pas de se soumettre. Au
contraire, Zweig devait composer avec elle. Avec
Charlotte, Zweig se sent écouté, protégé, admiré,
aimé. Et il tombe dans le piège. Friderike avait par-
ticipé à l'ascension de Zweig. Devenu Stefan Zweig
à la cinquantaine rugissante, il avait besoin de se
libérer de l'emprise bergmanienne de Friderike.

Friderike a fait tout le travail, et c'est Charlotte qui va en recueillir les fruits. Mais c'est une erreur pour elle autant que pour Zweig. Le couple fonctionne parfaitement tant que Charlotte Altmann n'est que la secrétaire et la maîtresse de Zweig. Mais lorsqu'elle devient la seconde madame Zweig, il ne fera plus semblant d'écouter avec complicité chaque remarque d'une femme conquise et épanouie au bureau comme au lit, mais montrera de lui un autre visage : un homme âgé aux nerfs glacés. Un sexagénaire aigri et sec.

Charlotte commence à se rendre compte que Zweig s'ennuie de tout désormais, et même d'elle. Elle sent peser sa déception. La sévérité de son regard la pétrifie à chaque réveil. Zweig se montrait d'une humeur charmante même dans les pires moments à Vienne ; désormais il n'en a plus la force ni le désir. Au Brésil le soleil brûle en lui, le consume peu à peu.

Zweig ne cesse maintenant de se réveiller en sursaut. Charlotte est agenouillée au pied du lit. Cette fois non pas victime d'une énième crise d'asthme, mais d'un cauchemar. Qui a manqué la faire mourir de frayeur et qu'elle refuse de lui décrire. Elle tressaille involontairement de tous ses membres, le visage marqué par la terreur, le regard tourmenté, fixe. Il tente de la réconforter, s'en acquitte avec adresse. Mais il n'est pas dupe. Rien n'y fera, Charlotte semble de nouveau sur le point de s'effondrer. Zweig éprouve à la fois de la compassion et de la rage, en toute conscience. Avec une franchise déconcertante, Zweig avoue à son épouse, comme peu d'hommes ont su le faire, qu'il n'a plus lui non plus la force de se tenir debout, et qu'il n'a plus rien à voir avec l'écrivain qu'il était.

Il ne pratique l'ironie que trop rarement pour être éblouissant dans son quotidien. Il a beau s'en défendre, sa séduction s'est peu à peu éteinte. Peu lui importe de se rendre intéressant en se pliant au jeu de la société brésilienne qui attend de lui une frivolité d'apparence, alors qu'il manifeste un cynisme qui en refroidit plus d'un. Doué d'une éloquence qui force le respect, Zweig n'a de cesse que de dissimuler à son entourage restreint son effroi intérieur.

Zweig rejette facilement derrière lui ses années heureuses. Parce qu'il sait qu'il était un autre alors. Il abandonne cette peau-là pour creuser jusqu'au fond de son âme où il a peur de découvrir que la source de son inspiration s'est tarie. Il tremble de reconnaître son cœur amputé de la générosité, de la hauteur d'âme qui le portait. Il ne cesse de se fustiger car il se déçoit. Les fils de l'ennui ont cousu ce cœur qui peine à battre, qui surtout ne s'emballe plus ; cœur étranglé.

Faire comme si le nazisme n'existait pas et passer des nuits entières à compulser de nouveau d'innombrables textes et documents sur Balzac ? Se remettre des épreuves que subit tout Juif pour oublier ses angoisses en ouvrier infatigable de la plume ? Mais celle-ci n'est plus aussi souple qu'avant. Sa plume ne lui a pas pardonné, elle non plus.

Zweig en a conscience : son imagination ne suffira plus à transcender son œuvre pour éclairer le monde d'une flamme porteuse de paix et de générosité. Définitivement elle s'est repliée sur elle-même. Zweig a des poussées de fièvre et de désespoir. Quelle passion l'habite encore ? Celle de ne plus en éprouver. Son mariage est un néant. Avec Charlotte, il ne s'agit pas d'une erreur, mais d'une faute. Une faute envers la vie comme envers son œuvre.

Envers la vie parce qu'elle va la lui faire perdre, le suicide étant l'aboutissement logique de cette faute. Envers son œuvre puisque ce suicide à 60 ans passés nous privera de dix années, au moins, d'œuvres qui ne verront jamais le jour. C'est parce qu'il n'osait pas affronter la réalité que Zweig ne s'est jamais senti à sa place nulle part. Et pour finir, encore moins en lui-même.

Zweig se donnera la mort quand il ne pourra plus se fuir lui-même. Il écrit en guise de lettre d'adieu ce qu'il voudrait penser de lui, donc ce qu'il voudrait que l'on pense de lui. Mais son ombre, elle-même, ne le suit plus. Elle est restée celle de son œuvre. De plus en plus immense, elle ne cessera jamais de grandir, sans lui. Comme l'ombre de Balzac. Malgré lui.

Zweig n'a cessé de réfléchir pour ne pas fléchir. Pour se tenir droit, ne pas céder. Il y a réussi de 1881 à 1942. Puis brusquement, ce qui ne devait être qu'un jeu mental, le suicide en paroles – « Si cela continue, s'il n'y a plus d'espoir de justice dans ce monde d'horreur, je me tuerai » –, devient un « je » moral. D'un seul coup, il n'est plus temps de jouer. Zweig ne se reconnaît plus sur l'échiquier disparu des Habsbourg et l'Anschluss a fait roquer son propre camp, l'Autriche, du côté des nazis. Les nazis croient à la victoire totale. Ils se trompent. Mais Zweig non plus n'en doute pas. Et se fourvoie comme eux.

13

Échec et mat

S TEFAN ZWEIG est mort comme l'un de ses personnages médiocres. Lorsqu'il commence cette
dernière lettre en affirmant qu'il quitte la vie de son
propre fait, lucide et conscient, il s'enorgueillit de
remercier le Brésil qu'il juge un pays merveilleux.
Mais en 1942, que sait-il des véritables souffrances
du peuple brésilien, à qui il faudra presque un demi-
siècle pour sortir de dictatures successives ? Ignore-
t-il que l'on crève de faim dans ce pays aussi ? Il
ose même affirmer lyriquement qu'il y a trouvé un
havre de paix et qu'il aurait été prêt, s'il n'avait
décidé d'en finir, de poursuivre sa vie ici. Zweig a
beau avouer que sa patrie spirituelle, l'Europe, s'est
anéantie elle-même et que le monde germanique
n'existe plus pour lui, en quoi cela justifie-t-il le
choix de mourir ? Werther de la soixantaine, ne
pensant qu'à son propre cas, Zweig va commettre
l'irréparable. Trahir son peuple.
    En se suicidant, Zweig insulte ces martyrs et
les abandonne au lieu d'aller mourir pour eux. Il

aura au moins commis un acte bassement humain.
Descendu de son piédestal, statue devenue homme,
il devient notre égal. Zweig est comme nous. Et ce
faisant, il rend service à son œuvre. Un homme
comme nous ne pouvait prendre pour héros que
des êtres qui lui ressemblent.

Le suicide de Zweig fait plutôt triste figure.
Que n'a-t-il épargné Charlotte ? Ses droits d'auteur eussent permis à Charlotte, sa jeune veuve,
de vivre en toute quiétude une fin de vie légitime
à New York. Ou à Londres, toute au service de
l'œuvre de son défunt époux ! Comment Zweig
a-t-il pu commettre ce crime ? Il aurait pu tenter
de la convaincre de vivre en lui demandant de se
consacrer à la promotion de son œuvre de par le
monde.

À qui veut-on faire croire qu'un esprit si fin et si
pragmatique ait pu laisser un seul détail au hasard ?
Lotte n'était pas un détail, mais il l'a traitée comme
tel. C'est l'aspect le plus répugnant peut-être de
la mort libre de Stefan Zweig. Cet acte commis
par Zweig est indéfendable et aurait pu suffire à
le rendre maudit et à entraîner son œuvre dans
cette malédiction. Mais c'est tout le contraire qui
s'est produit.

Toute sa vie, Zweig aura fini remarquablement
ses œuvres comme une résolution implacable de
l'énigme qui doit faire dire au lecteur que cela ne
pouvait pas finir autrement. Pour lui-même, il a
employé une méthode opposée. Il n'a pas su finir

sa vie comme logiquement elle aurait dû s'achever. Trois ans plus tard, il eût été célébré triomphalement de retour à Londres, puis Paris, puis Vienne même. Il serait allé de conférences en conférences jusqu'aux Indes et Moscou. Prix Nobel de littérature devançant à la fois Saint-John Perse et Hemingway, il aurait assisté au triomphe de *L'Homme tranquille* de John Ford aux oscars, aurait été photographié entre Marlene Dietrich et Bette Davis, aurait posé la première pierre de l'université hébraïque de Jérusalem à côté d'Albert Einstein, aurait assisté au match Cerdan-LaMotta et dîné *incognito* avec Lauren Bacall et son époux Humphrey Bogart, aurait applaudi Piaf… Avenue Kléber, dans la chambre même occupée par Gustav Mahler à l'hôtel Raphaël autrefois, il aurait eu un malaise vagal et aurait succombé à un infarctus foudroyant. André Malraux aurait été le premier à se précipiter à son chevet et Brigitte Bardot aurait pleuré près de sa dépouille.

On aurait retrouvé alors dans ses affaires personnelles une lettre d'une violence inouïe écrite à Richard Strauss, lettre que celui-ci aurait renvoyée accompagnée d'une ligne et de sa signature. Personne n'aurait eu l'indécence d'en dévoiler les termes exacts, mais le contenu en aurait été une fin de non-recevoir sèche et sans appel de la part de Zweig.

Zweig n'a rien d'une victime. Il ne se trouve pas pris dans un tourbillon dantesque dont la vraie souffrance, morale ou physique, serait intolérable. Un esprit supérieur comme le sien avait assez de

hauteur pour tout dominer. Alors quelle est la
vérité ? Pourquoi a-t-il commis ce suicide ? Pour
comprendre, il faut remonter à la Première Guerre
mondiale.

Zweig a 33 ans en 1914. Herr Doktor Zweig n'est
pas seulement maître en philosophie depuis ses
travaux remarqués sur Hippolyte Taine dix ans
auparavant, il se veut aussi un Phileas Fogg, pour
faire non pas le tour du monde, mais le tour du
moi. Il s'est convaincu, ainsi que son entourage,
qu'il ne finira par se découvrir lui-même et toucher
au plus profond de son être qu'en parcourant le
monde. Et le monde, pour lui, c'est l'Europe. Il
dévore Berlin, il goûte Paris, il avale Londres. Puis
il bouffe le Canada, déguste les Indes et mâche
comme il peut les États-Unis, si indigestes pour lui.
Ses chroniques touristiques lui sont une thérapie.
Il feint par moments de ne plus se supporter, mais
sa neurasthénie est plus imaginaire que réelle :
elle n'est qu'un délicat prétexte pour parler de lui
avant tout. Il veut se faire passer pour l'honnêteté, l'humilité, la franchise mêmes, mais il vient
de tomber fou d'amour pour la personne qu'il ne
cessera d'honorer toute sa vie : lui-même.

Qu'il ait quitté sa première épouse pour s'unir
à Lotte, sa secrétaire, en offre une preuve. Quelle
place Zweig a-t-il osé lui laisser ? Qu'il l'ait aimée,
nul n'en doute. Jusqu'à la mort, nul n'en doute
aussi. Mais de quel amour s'agit-il ? Un amour qui
ne l'a jamais remis en question.

Pourtant tout peut encore basculer lorsqu'il rejoint sa première épouse à New York, en 1941. Mais au lieu de redevenir ce qu'il fut, le Viennois brillant, vif et séduisant dans ses certitudes, et de s'avouer sa maladresse coupable d'avoir convolé avec Lotte, il se bute et continue à prétendre être lui aussi malade. Zweig affirme à Friderike qu'il ne parvient pas à évacuer son état dépressif chronique et, à l'été 1941, il repart pour Rio.

Il ne reviendra pas sur sa décision fatale : en finir un jour ou l'autre. Une partie de lui est morte en quittant l'Europe. Il n'a plus qu'à en finir totalement. Il a le sentiment, en s'installant à Petrópolis, d'être arrivé au but, c'est-à-dire au bout. Lors de sa rencontre avec Georges Bernanos à Barbacena, le Français emploiera mille ruses pour que Zweig fasse machine arrière. Sans succès. Le 22 février 1942, le rideau tombe. Il rate sa sortie, comme s'il n'avait plus voulu faire partie de la distribution et disparaître à jamais en coulisses. Mais plus les années passent et nous éloignent de son époque, plus la gloire de Zweig ne cesse de croître. Et les rappels continuent.

Sur les dernières photos de Charlotte et Stefan Zweig, on s'aperçoit que, bien souvent, c'est elle qui le tient, qui le précède, le devance. Et que Zweig a presque toujours le regard absent, alors qu'il l'a extrêmement percutant, précis, incisif dans les portraits où il est seul.

L'ultime lettre à Friderike Maria Zweig ne laisse pas de décevoir. Zweig se plaint de sa dépression, de cette guerre qui n'en finit pas, de ne pouvoir obtenir à Petrópolis tous les documents nécessaires à son travail. Quand il parle de Charlotte, Zweig avoue qu'elle n'a pas la belle vie avec lui. En particulier parce que sa santé n'est pas des meilleures. Mais pourquoi ne l'a-t-il pas libérée pour qu'elle ait une meilleure vie avec un autre ? Surtout, il parle d'elle en une courte phrase qu'il met entre parenthèses. Ce qui est révélateur : Lotte n'est qu'entre parenthèses. Il termine en évoquant son « foie noir », et adresse à Friderike son affection et son amitié, lui souhaitant du courage, réaffirmant combien il se sent heureux de cette décision d'en finir. Mais il oublie de dire à sa première épouse qui l'a aimé, qui s'est donnée à lui, combien elle a compté dans sa vie. À quel point il emporte avec lui le souvenir des bonheurs qu'ils ont partagés. Pas un mot là-dessus : échec au roi.

On pourrait sans peine citer des lettres d'adieu autrement plus déchirantes que celle de Zweig. On attendait autre chose de l'auteur et de l'homme et du Juif et de l'époux et de l'ex-beau-père et du Britannique et du pacifiste et de l'humaniste. De tous les Zweig. Mais c'est un autre Zweig qui se tue. L'*amok* Zweig, le coupable.

Nombreux sont ceux qui se révoltent à l'annonce de son geste, lui reprochant sa fuite devant ses responsabilités. Julien Green craint que ce suicide n'en entraîne d'autres, tel Chatterton en son temps. Klaus Mann y voit le masque d'un scandale sous-jacent et se déclare, à défaut de se sentir bouleversé, confronté à un nouveau naufrage. Franz Werfel justifie les reproches adressés de façon posthume à Zweig qui donne ainsi raison à l'ennemi nazi.

Robert Neumann évoque l'humanisme raffiné d'un feuilletoniste, ce qui est, vis-à-vis d'un mort, un trait bien mesquin, et laisse entendre que Zweig est un lâche qui se planquait en Suisse, puis en Angleterre, puis aux États-Unis, quand l'idée d'un débarquement de Hitler outre-Atlantique l'a fait fuir de nouveau. Le dernier mot revient à Klaus Mann qui se demande s'il avait le droit de s'ôter la vie. Zweig affirmait qu'il était un humaniste convaincu. Mais tout cela sonne faux. Zweig ne croyait pas en l'homme.

C'est pour cela qu'il s'est tué : il n'y a jamais cru. Les deux guerres atroces qu'il a vécues lui ont à jamais ôté toute foi en ses semblables. La montée du nazisme auréolée de la complicité du peuple allemand n'a fait que lui donner raison. Et les charniers, les fours crématoires, les rouleaux de Birkenau confirmeront d'une façon posthume que Zweig avait vu juste. Oui, l'homme est une bête pire que la bête. Zweig vaut beaucoup mieux que d'être sublimé et sanctifié comme une icône dépressive et suicidaire. Zweig est grand parce qu'il est comme nous tous. Comme Mozart, Hugo, Shakespeare, Vinci, Proust le furent aussi : humains avec tout ce que cela comporte de travers. Oui, si le suicide de Zweig n'inspire que dégoût et surtout pas de pitié, il en fait un être de chair et de sang.

Zweig se suicida le premier. Pourquoi ? N'aurait-il pas dû s'assurer que Lotte était partie avant lui ? Comment a-t-il pu commettre cette dernière lâcheté ? N'avait-il pas pensé qu'elle aurait à souffrir, tout d'abord, de sa mort à lui ? Lotte face au cadavre de l'homme tant aimé, c'était un épouvantable instant à vivre. Et la dernière image, affreuse, qu'il allait lui imposer dans une totale inconscience, une fois encore. Double supplice aussi puisqu'elle allait devoir affronter seule, une fois allongée à son côté, le passage à l'acte.

Lorsque Klaus Mann évoque un Zweig amoureux de la vie, c'est inexact. Il aime *sa* vie, nettement moins *la* vie. Que sait-il de la vie des autres ? Tout ou presque, croit-il. Lui qui s'en nourrit en la narrant. Il en efface pourtant les souffrances réelles contre lesquelles il ne lève pas le petit doigt. Au Brésil, que croit-il trouver, au bout du compte ? Les familles juives émigrées par bonheur en Amérique du Sud s'intégreront à la société. Zweig et son épouse forment un cas à part.

On dresse volontiers d'eux un portrait qui séduit : Lotte et Stefan unis dans l'amour jusque dans la mort. Or ils n'ont rien de Roméo et Juliette. Ils sont à l'opposé. Les amants de Vérone se tuent par méprise, chacun croyant l'autre mort, et cherchant à le rejoindre. L'amour tue Roméo et Juliette malgré eux. Parce que cet amour leur est interdit par les autres. Zweig et Lotte, non seulement ne meurent pas par amour, mais de surcroît ils meurent pour des raisons différentes. Elle, parce qu'elle est devenue plus qu'une secrétaire soumise, plus qu'une femme éprise, elle qui multiplie ses visages, celui de la malade asthmatique ayant pris le dessus. Zweig, comme si Lotte n'était que chienne, animal de compagnie, ne se soucie guère de sa vie. Il a dévoré sa jeunesse, après avoir rongé son âme à laquelle il n'a épargné aucun de ses propres tourments. Il a effacé comme si elles n'existaient pas ces vingt années qui les séparent. Lotte se suicide par désespoir, par fidélité, parce qu'elle n'a plus rien d'autre à espérer que d'être l'éternelle veuve. Elle n'existe déjà plus. Les amants de Rio – puisque Petrópolis est à quelque 60 kilomètres de là – sont des amants maudits.

Zweig se sera cherché en vain.

Il ne se sera jamais trouvé.

Dix ans pour constater qu'il n'a rien chez lui pour se poser, se reposer. Pour pouvoir enfin créer, l'esprit libre. Zweig n'a jamais cherché à devenir sédentaire, certes, mais, gagné par l'angoisse de ne plus réellement savoir ce qu'il fuit exactement, il a endossé peu à peu la peau d'une bête traquée, continuellement en fuite. Sans patience, indifférent aux autres, malgré cette volonté farouche qui caractérisait sa soif de créer, Zweig s'épuisait moralement.

Un feu intérieur le rongeait. Il n'est bientôt plus que cendres.

En se suicidant dans une mise en scène à la Roméo et Juliette, mais des Roméo et Juliette aux cheveux blancs, aux rides profondes, Zweig réussit la mystification parfaite : faire croire à l'existence de ce double de lui-même, ce pauvre enfant, éternel poète maudit vêtu de noir, qui souffre atrocement et quitte avec un courage inouï ce monde désespérant et si ingrat. Chapeau Werther !

Zweig se penche au-dessus de sa vie comme d'une balustrade. Aucune réponse ne monte du fond de son âme, elle ne lui parle plus. Il a atteint le point extrême où la lucidité est prête à céder pour laisser place à la folie. Jamais il ne sera Balzac, jamais il ne sera Hugo. Et il ne trouve plus matière à donner un sens à sa vie déchiquetée. Sa désillusion est réelle. La vie l'a déçu, surtout. Le drame de Zweig tient en ce qu'il n'a jamais découvert la clé de son propre cas.

Zweig vivait avec une femme dont l'attrait principal – son absence de charisme – prouvait jour après jour qu'une autre femme – et quelle femme ! – aurait dû être à sa place. Dans son imagination, Zweig voyait cette femme idéale et n'avait plus qu'à la garder toute à lui, en la faisant pénétrer telle quelle dans ses œuvres. Il identifiait cette femme imaginaire à ses héroïnes, comme lui-même se projetait dans leurs homologues masculins, aussi tordus soient-ils ; cette femme, c'est la mort.

Il lui revient alors le mérite de rester ferme. Même dans les moments de désespoir les plus intenses. Zweig en vient à croire que sa gloire s'éteindra avec lui. Il s'obstinera à aller jusqu'au bout de sa folie, et à s'enorgueillir de son crime. Il a toujours cherché le contact d'un être qui le compléterait admirablement. Il l'a trouvé en Friderike pour le meilleur, puis en Charlotte pour le pire.

Sa mort le hissera encore plus haut, en martyr. Et Zweig se hâte d'entamer son testament tronqué *Le Monde d'hier* à Petrópolis, où il fête ses 60 ans le 28 novembre 1941, quelques jours seulement avant Pearl Harbor. Tout s'enchaîne à présent. Lui qui n'a cessé d'appeler de ses vœux l'entrée en guerre des États-Unis devrait s'en réjouir. Mais il n'en a pas longtemps la force. Les Britanniques sont défaits à Singapour, l'Indonésie devient leur tombeau. La capitulation anglaise est une défaite épouvantable, la pire pour l'Union Jack. Et Zweig sombre : il a beau invoquer quelque coup magique du destin, c'est le sien qui semble scellé.

Zweig, sûr de lui, fait pourtant un geste fatidique qui, à lui seul, aurait dû inquiéter et mobiliser tout son cercle de proches afin de l'empêcher d'accomplir le pire : il se débarrasse de son chien, qu'il offre à des amis.

Pourquoi Charlotte n'a-t-elle pas été stupéfaite en apprenant sa décision terrible d'en finir ? L'œuvre énorme qu'il avait encore à accomplir ne suffisait-elle pas comme argument ? Zweig ne parvient pas à méditer de sang-froid. Zweig n'a pas la force de laisser derrière lui celle qu'il considère comme son enfant : Charlotte Zweig. Elle ne peut compter que sur lui, pense-t-il. Quelle méprise ! Fine, élégante, dévouée, elle ne méritait pas de le suivre en femme sacrificielle.

Ce qui est plus surprenant encore, c'est la relation des deux épouses de Zweig, Friderike et Charlotte. Il y a du Ivanov chez Zweig. Non seulement parce que, aussi tragiquement l'un que l'autre, ils se suicident, mais parce que alors, on pouvait considérer comme un gage de pureté leur amour pour une femme juive. Mais en fin de compte, c'est comme si celle-ci leur renvoyait l'image de leurs insuffisances. Ils ne se suicident pas avec leurs femmes, mais à cause d'elles. Zweig aussi a l'âme rongée par la honte et par la peur.

Quelle chance a-t-il alors d'en sortir ? Aucune. Parce qu'il ne se pardonne pas d'être ce qu'il est devenu. Il n'y a que deux raisons de se suicider. Par désespoir ou par sacrifice. Zweig prétend avoir choisi la première des deux. Car Zweig ne s'est jamais sacrifié pour quoi que ce soit dans sa vie. Il s'est suicidé parce qu'il ne pouvait survivre à la perte d'un être cher. Oui ! Zweig n'a pas supporté de vivre sans lui. Et cet être, c'était lui ! Tout à fait conscient que ce Zweig qu'il avait perdu, il ne le retrouverait plus.

Il choisit le Brésil et non l'Argentine parce qu'il préfère finir dans la joie et la beauté plutôt que dans l'indécision. Et puis il aime la sensualité de Rio et le paysage de rêve de Petrópolis, à une poignée de kilomètres de la grouillante capitale, qui lui déchire le cœur. Ce sera là que se jouera le grandiose feu d'artifice, pardon, le jeu d'artifice final.

Encore faut-il aller jusqu'au bout avec courage et dignité. Alors Zweig, l'autre Zweig, le nouveau, celui qui ne supporte plus le précédent, celui du « gardons-nous hors de tout » – un artiste ne doit pas se salir les mains, seul son art compte –, le Zweig qui va durant le peu de temps qui lui reste à vivre, se montrer digne d'éloges, se révèle. Il manifestera assez de générosité pour ne jamais refuser son aide aux réfugiés, aux combattants de l'ombre, aux êtres en détresse, juifs ou pas. Nous ne pouvons qu'admirer ce Zweig-là, d'autant qu'il le fit avec discrétion et élégance. Lui donc, le second Zweig, a été réellement un héros. Un héros de l'ombre. Oui, Zweig a sauvé des vies. Il n'en a oublié qu'une : la sienne !

Et le piètre Zweig va tout faire pour réapparaître. Surtout lorsqu'il sera seul avec lui-même devant sa page blanche. C'est ce mauvais ange qui va lui dicter cette résignation dont il va se faire malgré lui le chantre. Qui va le persuader, à tort, que la Seconde Guerre mondiale est perdue. Que le peuple juif sera, comme il l'avait prédit, gazé, exterminé, qu'il ne parviendra pas à se sauver, qu'il n'y aura jamais de retour vers Israël, contrairement au rêve fou de Herzl. Que la mort de Freud est le signe que ce savoir du monde va être lui aussi enseveli dans la tombe que les nazis creusent pour le monde entier dans leur chemin de ténèbres. Que les Américains, après le désastre de Pearl Harbor, mettront des années à se sauver des griffes nipponnes et que Hitler, après avoir vaincu l'Europe, triomphera aussi en Afrique et en Asie.

Zweig aura beau, par soubresauts, revenir à la charge, ressuscité par l'amour de Lotte, il aura beau aussi lui faire croire que leur maison de Petrópolis est un nouvel Éden infranchissable et protecteur dans un pays dont les couleurs les immunisent contre toutes les laideurs du monde, il aura beau se persuader qu'il va tenir jusqu'au bout, comme semble le prouver son élan sincère à écrire *Le Monde d'hier*, il aura beau, le second lundi de février, s'émerveiller devant l'exubérant carnaval de Rio, serrant contre lui le corps vibrant de Lotte, l'autre Zweig lui chuchote sans cesse à l'oreille la défaite britannique de Singapour et ses cent mille morts.

Cette fois, Zweig se sait au bout de la comédie du joueur. Il croyait en avoir fini en rédigeant peut-être son chef-d'œuvre, ce texte magistral du *Joueur d'échecs*, justement. Il comprend que sous la comédie le drame se profilait, attendant son heure. Cette heure est venue.

Zweig se livre par courrier à Jules Romains, qu'il flatte généreusement pour son énergie, sa force de caractère qui le fait rester debout, contrairement à lui, qui s'effondre. Il brûle d'une façon naïve,

presque incongrue, des lettres, des papiers, toute
sorte de documents sans importance, alors que
brûle encore en lui ce qui est dix mille fois plus
important, la flamme de son génie, dont il se fiche
malheureusement, dans sa folie présente. Ce sont
dix années à œuvrer qui l'attendaient et qu'il brûle
sans en prendre conscience. Zweig a décidé de
parachever la mise en scène de sa mort par un
dernier tableau inattendu. Dans son ultime lettre
à Friderike, il se dit apaisé et heureux. Le dernier
mot qu'il lui aura adressé : heureux.

Zweig revêt son costume de scène. Élégant. Il
laisse en évidence son testament sur son bureau.
Il salue le merveilleux Brésil, affirme avoir toute
sa raison et mettre fin à ses jours par impatience
d'attendre la fin du conflit. Une dernière pirouette
d'une classe folle pour un clown triste qui disparaît
avec grâce. Le Véronal met fin à ses jours. Lotte
va se coucher à ses côtés, pour mourir elle aussi.
Contre lui et pour lui.

Le dernier coup se joue : Zweig couche son roi !
La partie d'échecs est perdue. Échec et mat !

Le roi est mort ! Vive le roi ! Mais il n'y aura
pas de revanche. Zweig n'est plus là et le rideau
ne tombe pas. Il ne tombera jamais. Zweig avait
oublié ce détail. Lui seul aurait eu la volonté, ou
l'humilité réelle de tirer le rideau sur lui ! Le Brésil,
d'abord, ne respectera pas ses vœux et lui fera
des obsèques nationales grandioses. Leur maison deviendra musée, et Zweig sera célébré sans

discontinuer. Le monde entier lira l'un des plus grands écrivains de tous les temps. L'art et ses serviteurs continueront eux aussi, pour l'éternité, à le servir et à le faire vivre pour que les générations futures puissent le lire, le voir, l'entendre, et que sa voix soit celle d'un homme comme tous les autres, double certes, mais dont le meilleur des deux a triomphé : l'écrivain juif autrichien, le génie, Stefan Zweig, le Nobel oublié.

Le 4 mai 2015,
Brasserie Gaîté, Villa Dondelli, Paris.

Table

CET OUVRAGE A ÉTÉ COMPOSÉ
EN PALATINO CORPS 12
PAR NORD COMPO
À VILLENEUVE-D'ASCQ.

ACHEVÉ D'IMPRIMER
PAR L'IMPRIMERIE CPI FIRMIN-DIDOT
À MESNIL-SUR-L'ESTRÉE, EN SEPTEMBRE 2015,
SUR PAPIER BOUFFANT ENSO CLASSIC 80 G,
POUR LE COMPTE DU PASSEUR ÉDITEUR.

IMPRIM'VERT®

Dépôt légal : novembre 2015.
N° d'imprimeur : 130893.
Imprimé en France.